# Lernkrimi Französisch

## Schatten über Montparnasse

### L'ombre sur Montparnasse

Ilse Arnauld des Lions

Compact Verlag

**Bisher sind in dieser Reihe erschienen:**
- Compact Lernkrimi Englisch, Französisch, Italienisch, Spanisch: Grundwortschatz, Aufbauwortschatz, Grammatik, Konversation
- Compact Lernkrimi Englisch GB/US: Grammatik, Konversation
- Compact Lernkrimi Business English: Wortschatz, Konversation
- Compact Lernkrimi Deutsch: Grundwortschatz, Grammatik

**In der Reihe Schüler-Lernkrimi sind erschienen:**
- Compact Schüler-Lernkrimi Englisch, Französisch, Spanisch, Latein
- Compact Schüler-Lernkrimi Deutsch: Grammatik, Aufsatz
- Compact Schüler-Lernkrimi Mathematik

**In der Reihe Lernthriller sind erschienen:**
- Compact Lernthriller Englisch: Grundwortschatz, Aufbauwortschatz, Grammatik, Konversation

**In der Reihe Lernstory Mystery sind erschienen:**
- Compact Lernstory Mystery Englisch: Grundwortschatz, Aufbauwortschatz

**In der Reihe Lernkrimi History sind erschienen:**
- Compact Lernkrimi English History: Grundwortschatz, Aufbauwortschatz, Grammatik, Konversation

**In der Reihe Hörbuch Lernkrimi sind erschienen:**
- Compact Hörbuch Lernkrimi Englisch: Geübte Anfänger, Fortgeschrittene

**Weitere Titel sind in Vorbereitung.**

© 2006 Compact Verlag München
Alle Rechte vorbehalten. Nachdruck, auch auszugsweise,
nur mit ausdrücklicher Genehmigung des Verlages gestattet.
Chefredaktion: Dr. Angela Sendlinger
Redaktion: Patrizia Ginocchio
Fachredaktion: Tristan Coignard
Produktion: Wolfram Friedrich
Titelillustration: Karl Knospe
Typographischer Entwurf: Maria Seidel
Umschlaggestaltung: Carsten Abelbeck

ISBN-13: 978-3-8174-7616-9
ISBN-10: 3-8174-7616-7
7276163

Besuchen Sie uns im Internet: www.compactverlag.de

# Vorwort

Mit dem neuen, spannenden Compact Lernkrimi können Sie Ihre Französischkenntnisse auf schnelle und einfache Weise vertiefen, auffrischen und überprüfen.

Kommissar Cliquot erleichtert das Sprachtraining mit Action und Humor. Er und seine mysteriösen Kriminalfälle stehen im Mittelpunkt einer zusammenhängenden Story.

Der Krimi wird auf jeder Seite durch abwechslungsreiche und kurzweilige Übungen ergänzt, die das Lernen unterhaltsam und spannend machen.

Prüfen Sie Ihr Französisch in Lückentexten, Zuordnungs- und Übersetzungsaufgaben, in Buchstabenspielen und Kreuzworträtseln!

Ob im Bus oder in der Bahn, im Wartezimmer, zu Hause oder in der Mittagspause – das Sprachtraining im handlichen Format bietet die ideale Trainingsmöglichkeit für zwischendurch.

Schreiben Sie die Lösungen einfach ins Buch!

Die richtigen Antworten sind in einem eigenen Lösungsteil zusammengefasst.

Und nun kann die Spannung beginnen ...

Viel Spaß und Erfolg!

Die Ereignisse und die handelnden Personen in diesem Buch sind frei erfunden. Etwaige Ähnlichkeiten mit tatsächlichen Ereignissen oder lebenden Personen wären rein zufällig und unbeabsichtigt.

## Inhalt

Lernkrimi . . . . . . . . . . . . . . . . . . . . . . . . . . . . . . . . . . . .  5
Abschlusstest . . . . . . . . . . . . . . . . . . . . . . . . . . . . . . . . .  133
Lösungen . . . . . . . . . . . . . . . . . . . . . . . . . . . . . . . . . . . .  141

## Story

Inspektor Cliquot ist der beste Mann der Pariser Polizei. Wenn die Fälle mysteriös werden, die Polizei nicht mehr weiter weiß, ist Cliquot derjenige, der sich in die Untiefen der Pariser Verbrecherszene wagt.

Ein verregneter Tag im November. Cliquot freut sich auf seinen freien Tag, als plötzlich das Telefon klingelt: ein Mord in der Rue Daguerre. Ein klarer Fall für Cliquot und seine Assistentin Nathalie. Kurz darauf zwei weitere Morde. Alle drei Opfer sind Männer, alle um die fünfzig, alle auf dieselbe Weise ermordet. Cliquot und Nathalie tappen zunächst im Dunkeln, bis sie durch eine ältere Dame auf die richtige Spur gebracht werden. Was hat die Vergangenheit der Opfer mit ihrem Tod zu tun? Und welches Motiv steckt dahinter? Eifersucht, Neid oder womöglich Rache? Werden Cliquot und Nathalie die mysteriösen Mordfälle aufklären und den Täter schnappen?

«Non, non, mille fois non! Je vous le dis et vous le répète! Allez-vous comprendre enfin? Cet endroit est réservé à la police et vous n'êtes pas de la police! Alors, dégagez, s'il vous plaît.
– Mais si, je suis de la police. Je suis même l'inspecteur Cliquot! Le meilleur inspecteur de la police parisienne! Je n'ai encore jamais connu d'échec! Demandez donc au préfet!»
L'inspecteur Cliquot chercha sa carte pour la montrer à l'agent de police. Il trouva sa décoration qu'il portait toujours sur lui. Le préfet de police la lui avait donnée après l'affaire du trésor du Roi-Soleil.
Mais toujours pas de carte. Qu'avait-il bien pu en faire? Il décida de montrer sa décoration. Après tout, tout le monde dans la police connaissait ce genre de décoration.
«Tenez, vous voyez? C'est le préfet lui-même qui me l'a donnée!
– Ah oui? Et qu'est-ce que c'est?»
L'agent de police semblait vraiment étonné. Il n'avait jamais vu ce genre de décoration. Il l'observait sous toutes les coutures. Il fronçait des sourcils.
«Non, jamais vu. Je vous dis de dégager.»
L'inspecteur Cliquot n'avait jamais vu tant de culot. Et puis, il avait une drôle de tenue, cet agent! Surtout le chapeau. Il datait! On n'en portait plus depuis au moins 20 ans! Tout ici était bien bizarre.

*Übung 1: Welche Bedeutung haben die folgenden Sätze? Kreuzen Sie an!*

1. «Alors, dégagez, s'il vous plaît!»
    a) ☐ Ne nous dérangez pas, s'il vous plaît!
    b) ☐ Partez d'ici, s'il vous plaît!
    c) ☐ Ne touchez à rien, s'il vous plaît!

2. «Je n'ai encore jamais connu d'échec!»
   a) ☐ Je n'ai jamais vu un policier si impoli!
   b) ☐ J'ai toujours été respecté pour mes talents d'enquêteur!
   c) ☐ J'ai toujours réussi à résoudre mes enquêtes!

3. Qu'avait-il bien pu en faire?
   a) ☐ A quoi lui servirait une carte de police?
   b) ☐ Où avait-il laissé sa carte de police?
   c) ☐ Etait-ce si grave qu'il n'ait pas sa carte de police?

4. Il l'observait sous toutes les coutures.
   a) ☐ Il regardait la décoration de tous les côtés.
   b) ☐ Il admirait les dessins se trouvant sur la décoration.
   c) ☐ Il regardait la décoration sans grand intérêt.

La tour Montparnasse se dressait au-dessus des toits.

Il faisait froid et les rues étaient plus sombres que d'habitude.

Tout à coup, une voiture de police fit son apparition au coin de la rue. Sa sirène semblait sortir d'un film des années quatre-vingt. Elle hurlait, hurlait, hurlait de plus en plus fort!

L'inspecteur Cliquot se réveilla en sursaut. Quel cauchemar! Il appuya sur le bouton de son réveil pour l'éteindre. Il se demanda si c'était vraiment une bonne idée d'en avoir acheté un avec une sonnerie de voiture de police à l'ancienne.

Bah, simplement un mauvais rêve... Il avait certainement trop mangé hier soir, lorsqu'ils avaient fêté la découverte du trésor au restaurant, lui et Nathalie, son assistante.

Il était curieux de voir ce qui l'attendait aujourd'hui. Une journée libre. Qu'allait-il faire? Il se demandait si Nathalie se posait la même question. Il n'eut pas le temps de trouver de réponse. Il venait à peine de s'habiller et le téléphone sonna déjà.

*Übung 2: Sind die folgenden Aussagen richtig? Markieren Sie mit richtig ✔ oder falsch – !*

1. Il n'y avait pas beaucoup de lumière dans les rues.
2. L'inspecteur Cliquot a fait un rêve agréable.
3. La sonnerie du réveil de l'inspecteur était douce.
4. Le repas au restaurant avec Nathalie n'était pas bon.
5. L'inspecteur Cliquot ne travaillait pas aujourd'hui.
6. Le téléphone sonna alors qu'il était encore en pyjama.

Le préfet savait bien que la catastrophe était proche.

Il aurait préféré demander à n'importe quel autre inspecteur de prendre cette affaire en main. Mais personne n'était libre en cette journée de novembre. A part l'inspecteur Cliquot: le seul inspecteur capable de résoudre tous les mystères et de mettre toute la ville sens dessus dessous par la même occasion!

Il avait donc décidé de l'appeler. Tant pis pour son jour de congé. Le devoir, c'est le devoir! Et les meurtriers, eux, n'ont pas de vacances!

L'inspecteur Cliquot se dépêcha d'avaler son café. Une affaire très importante. Une affaire bien triste. Il s'agissait d'un meurtre! À vrai dire, il n'avait encore jamais eu à élucider de meurtre. Mais il était sûr d'y arriver. Avec son assistante, ils faisaient de toute façon une équipe imbattable!

Il prit son imperméable et son béret, sortit sur le perron et referma la porte d'un grand coup.

Derrière la porte de l'appartement voisin, la voix d'une vieille dame retentit:

«Monsieur Cliquot, enfin!

– Oh pardon, mademoiselle Rupin, j'ai encore oublié...

– Mais vous le savez pourtant! Vous faites peur à mon perroquet...»

L'inspecteur Cliquot repartit sur la pointe des pieds. Il descendit l'escalier le plus rapidement possible. Cela ne lui était pas difficile. Il était si grand qu'il pouvait faire de longues enjambées.

Il partit à grands pas en direction de la station de taxis. Il n'avait jamais compris pourquoi on l'avait privé à vie de permis de conduire. Bien sûr, il y avait eu ce car bien malheureux. Mais il n'avait blessé personne et puis le car était dans son tort! Il aurait dû freiner et ne l'avait pas fait. Malheureusement, le quartier avait été plongé dans le noir le plus profond pendant toute une nuit. Le car était rentré dans une borne électrique.

## Übung 3: Wie heißen die Wörter auf Französisch?

1. Führerschein _____

2. Stadtviertel _____

3. Papagei _____

4. Treppe _____

5. Richtung _____

6. Team _____

7. verletzt _____

Voilà qu'il arrivait dans le quartier Montparnasse. Il aimait bien ce quartier.

Bizarre, ce rêve, d'ailleurs… Le taxi passait devant la gare par la droite et allait bientôt tourner à gauche, dans la rue Froidevaux. De là, il descendrait encore un peu, longeant le cimetière Montparnasse. Puis, il tournerait à droite, dans la rue Gassendi pour arriver dans la rue Daguerre par le bas.

«Regardez, c'est là!»

L'inspecteur Cliquot avait crié si fort que le chauffeur de taxi sursauta. Il regarda dans le rétroviseur ce que voulait son client. Le temps d'une seconde, il ne fit pas attention à la circulation et... trop tard! Il venait de rentrer dans un stand de fruits et légumes. Les tomates s'écroulaient de tous les côtés, suivies de près par les pommes, les oranges, les kiwis et les citrons. Le taxi était recouvert de concombres et de poireaux, les choux-fleurs et les choux rouges roulaient doucement en plein milieu de la rue.

Un liquide visqueux rouge dégoulinait sur la vitre, à côté du chauffeur ébahi.

L'inspecteur Cliquot garda son calme. Après tout, si ce chauffeur ne savait pas conduire, il n'y pouvait rien!

«Vous avez eu de la chance. En été, les tomates se seraient écrasées sur votre nez!»

Il paya les 8 euros 50 indiqués au compteur et sortit du taxi. Il devait penser à son devoir. De telles bagatelles ne devaient en rien le déconcentrer. Il avait un meurtrier à trouver. Le plus tôt possible! C'est que ces gens-là étaient capables de tuer d'autres personnes encore. Il avait entendu dire qu'ils y prenaient même goût.

*Übung 4: Finden Sie im folgenden Textabschnitt die gesuchten Wörter!*

1. manteau qui protège de la pluie      _____

2. personne qui a tué quelqu'un      _____

3. petite pluie fine      _____

4. personne qui conduit un véhicule      _____

5. quelque chose qui a peu d'importance      _____

6. quelque chose que l'on doit faire      _____

En arrivant devant le café-restaurant «La Bélière», il reconnut son assistante, Nathalie Claudel, toujours aussi mignonne derrière ses grandes lunettes à monture noire. Elle l'attendait, se protégeant du crachin sous un chapeau de la même couleur et du même tissu que son imperméable. Toutes les lumières de l'appartement au-dessus de «La Bélière» étaient allumées. Les ombres qui passaient rapidement derrière les vitres indiquaient un grand remue-ménage. Nathalie lui expliqua qu'un homme avait été trouvé par sa femme de ménage, mort, couché sur le divan de son salon.

Ils montaient tous les deux le petit escalier jusqu'au premier étage de l'immeuble recouvert de grandes dalles blanches, typiques de ce quartier. L'appartement était petit, prévu pour une personne. Au bout du couloir, le salon. A gauche, la chambre à coucher. Les meubles étaient modernes et sobres. L'endroit était bien rangé. Quelques photos et reproductions étaient accrochées sur le mur, en face du lit et à côté de la table de nuit. En face de la fenêtre, l'armoire rendait la pièce plus grande: sa grande glace reflétait toute la pièce.

A droite, une petite salle de bains se trouvait à côté des toilettes. L'ensemble était tout aussi propre que le reste. Soigné, tout simplement. Pour aller dans la cuisine, il fallait traverser le salon. Une grande arche les séparait. Le rideau recouvrait seulement un tiers de l'arche. Au milieu du salon, la table était mise pour deux personnes. Les coupes à champagne laissaient prévoir un dîner de fête. Les bougeoirs anciens, en argent, en étaient la preuve:

«Un dîner aux chandelles!»

L'inspecteur Cliquot se retourna vers Nathalie.

«Très bien observé! Je voulais justement le dire. Il attendait donc une visite galante.»

Il se retourna vers le divan, derrière la table. Le corps d'un homme d'une cinquantaine d'années gisait inanimé sur le canapé. Ses yeux étaient grand ouverts. Son regard encore étonné. Tout autour de lui, chacun s'affairait à trouver des traces, des empreintes, quelques cheveux, un fil... Toutes les personnes présentes, à part l'inspecteur et Nathalie, étaient habillées de blanc. Leurs chaussures entourées de sacs en plastique. De drôles de chapeaux, très légers, cachaient leurs cheveux. Ils portaient tous des gants en plastique et recueillaient tout ce qu'ils trouvaient dans de petits sacs, en plastique eux aussi.

*Übung 5: Welches Wort ist das „schwarze Schaf"? Unterstreichen Sie das nicht in die Reihe passende Wort!*

1. cheveux, chignon, gants, queue de cheval, peigne
2. divan, fauteuil, chaise, canapé, table
3. plastique, sac, bois, fer, verre
4. violence, gentillesse, brutalité, méchanceté, agressivité
5. dictaphone, interphone, téléphone, aphone, microphone

Une femme d'une quarantaine d'années, les cheveux retenus en un chignon sévère, inspectait le cadavre. Elle parlait doucement dans un petit dictaphone et semblait ne pas encore avoir remarqué l'inspecteur.
«Jusqu'ici, rien d'anormal. Il n'a pas de couleurs particulières. Je ne crois pas à un empoisonnement. D'autre part, il n'y a aucune trace de violence. Pas de vêtements déchirés. Pas de bleus au visage. Pas de traces de sang sur les vêtements. On pourrait penser à un infarctus.»
L'inspecteur n'avait jamais vu tant de policiers à la fois sur une même affaire. Au moment où il passa devant la table pour s'approcher de la victime, le bouton de la poche droite de son imperméable resta accroché à la nappe.

*Übung 6: Unterstreichen Sie im folgenden Text die sechs Körperteile!*

Avançant à grands pas, il ne s'aperçut de rien. Le bruit de la vaisselle qui se casse en tombant par terre lui fit tourner la tête. Il voulut décrocher la nappe de son imperméable, se prit les pieds dedans et s'affala de toute sa longueur sur le cadavre. Celui-ci s'écroula par terre devant le divan. Tout le monde était resté figé dans la pièce.

«Dites, vous aimez tant que cela flirter avec les cadavres?»

La femme n'avait pas l'air commode du tout. Elle semblait sur le point de perdre contenance. Sa tête devenait de plus en plus rouge. Ses yeux lançaient des flammes. Sa voix devenait de plus en plus stridente. Elle fulminait, littéralement!

«Non, mais, qu'est-ce qu'il vous prend? Ça ne va pas la tête? Vous ne voyez pas que nous sommes en train de travailler? Les touristes, dehors!»

Elle montrait d'un doigt ferme et décidé la porte donnant sur le couloir.

L'inspecteur Cliquot décida de l'aider. Après tout, il n'y pouvait rien si cette nappe avait des trous... Mais il ne pouvait pas voir une jolie femme en colère sans vouloir l'aider. Il se baissa au-dessus du corps, prit le cadavre par les épaules et le retourna d'un coup sec. Il s'abaissa pour le soulever et le remettre sur le divan quand la femme l'arrêta de la main.

«Attendez!»

Elle se pencha au-dessus de la chemise blanche. Une petite tache rouge venait d'apparaître. Une tache minuscule que même l'inspecteur Cliquot n'avait pas remarquée. La femme défit les boutons de la chemise et découvrit une toute petite piqûre, juste en plein cœur.

«Travail de spécialiste! Du beau travail! En plein dedans! Pas besoin de chercher plus loin. C'est bien un meurtre. Et un beau...»
Elle se retourna.
«Dites, il va venir quand, cet inspecteur?

*Übung 7: Übersetzen Sie die Begriffe und enträtseln Sie das Lösungswort!*

1. Fleck  _ ☐ _ _ _
2. Grund  _ _ _ ☐ _ _
3. Profi  _ _ _ _ _ ☐ _ _ _ _ _ _
4. Arbeit  _ _ ☐ _ _ _ _
5. Mücke  _ _ _ ☐ _ _ _ _
6. Werkzeug  _ _ ☐ _ _ _ _ _ _
7. Hemd  _ _ _ _ ☐ _ _
8. Knopf  _ _ _ _ _ ☐

Lösung: _ _ _ _ _ _ _ _

– Inspecteur Cliquot, pour vous servir!
– Comment, c'est vous qui êtes chargé de l'affaire?
– Oui, avec mon assistante, Nathalie Claudel.»
Nathalie s'approcha doucement, essayant de ne pas toucher quoi que ce soit.
«Et bien, nous sommes gâtés! Docteur Jeanin. Médecin légiste. Votre maladresse nous a fait gagner quelques heures. Mais, ce n'est pas une raison pour recommencer!»
L'inspecteur Cliquot préféra ne pas répondre. Il valait mieux ne pas contrarier une personne en colère. Même si elle était dans son tort.
«Bon. Regardez. Et surtout, ne touchez à rien! Vous voyez ici, la

minuscule tache rouge. Elle marque l'emplacement d'un trou tout aussi discret. C'est du travail de professionnel. Un instrument très fin, très aiguisé. Un coup bien visé en plein cœur, très rapide. Et hop, le tour est joué! Pas de traces apparentes. Si l'on réussit bien son coup, comme ici, on croirait à un bouton ou à une piqûre de moustique. Et vu l'âge de la victime et son embonpoint, nombreux sont ceux qui en arriveraient trop rapidement à cette conclusion. Un infarctus, voilà ce à quoi le meurtrier voulait nous faire croire! Mais je ne suis pas née de la dernière pluie.»

*Übung 8: Bringen Sie die Buchstaben in die richtige Reihenfolge!*

1. hpuaeca     _____

2. mruahcaec     _____

3. vlieré     _____

4. uovdetécre     _____

5. ersédruo     _____

6. slreicae     _____

7. pmalebiérme     _____

8. lcuiroo     _____

Nathalie s'était rapprochée pour mieux entendre madame Jeanin dont la voix avait baissé. Elle observait le corps au teint blafard étendu devant elle. Elle n'aurait pas remarqué le point rouge si le docteur ne l'avait pas désigné. Même le cadavre était propre. Elle s'était imaginé que la chose serait bien plus difficile. Son premier cadavre! Et elle n'avait même pas envie de vomir!

Ce qui n'était pas le cas de l'inspecteur Cliquot. Son visage était aussi blême que celui qui gisait par terre. Il lui fit un signe de la main. Direction la porte!

Arrivé sur le palier, l'inspecteur Cliquot respira très fort. Un agent vint le retrouver.

«Inspecteur, voulez-vous commencer l'interrogatoire des voisins?
– Hein? Quel interrogatoire? Des voisins? Ah oui! Les voisins! Bien sûr. Qu'attendez-vous? Allez-y, commencez à interroger les voisins! Il faut tout leur dire à ces jeunes, aujourd'hui...»

Nathalie venait de passer la porte.

«Vous avez remarqué la trace au mur au-dessus du divan? On dirait la trace d'un tableau ou d'un calendrier. En tout cas, il manque quelque chose sur ce mur! Aux archives, certains classeurs étaient là depuis si longtemps que la couleur du mur derrière eux était plus pâle que partout ailleurs. Comme si le mur en avait gardé la trace.
– Très bien observé, Nathalie! Je me demandais si vous vous en apercevriez... Mais descendons et allons dans ce café en bas. Nous avons besoin de faire le point. Et je n'ai toujours pas pris de petit-déjeuner.
– A deux heures de l'après-midi?»

Nathalie n'en revenait pas. Il pouvait vraiment manger à n'importe quelle heure du jour et de la nuit!


*Übung 9: Beantworten Sie die Fragen zum Text!*

1. Qui se sent mal en voyant le cadavre?

2. A qui l'inspecteur Cliquot demande-t-il d'interroger les voisins?

3. Que manque t-il au mur?

_____

4. A quelle heure se passe la scène?

_____

5. Où l'inspecteur Cliquot veut-il aller prendre le petit-déjeuner?

_____

6. Quelles sont les deux raisons pour lesquelles l'inspecteur Cliquot et Nathalie vont au café?

_____

Devant la porte, l'air froid leur frappa le visage comme une gifle. Tous les deux eurent le même réflexe de relever le col de leur imperméable. En bas de la rue, les étals du marché commençaient à disparaître. En effet, le marché dans cette rue ne commençait jamais après cinq heures du matin. Mais à deux heures, tout fermait. D'ailleurs, la plupart des gens du quartier venaient très tôt le matin, avant de partir au travail, chercher leur nourriture pour la journée. Et le lendemain, de même. A part le dimanche, c'était tous les jours jour de marché rue Daguerre! Les habitants du quartier y venaient volontiers. Pas uniquement pour les denrées fraîches venues de toutes les régions que l'on y trouvait, pour les fruits et légumes, pour le pain; pas seulement pour le charcutier traiteur avec toutes ses spécialités toutes prêtes qu'il suffisait de réchauffer, pour le boucher dont les bavettes étaient les meilleures du quartier, pour le poissonnier qui aimait attirer les regards en présentant sur l'étalage un requin entier par exemple. Mais on y trouvait également des brosses en tous genres, des habits, des chaussures et des marchands de portables.

Chacun y trouvait ce qui lui convenait, mais aussi des choses à entendre, des gens à qui parler. Toutes les rumeurs du quartier passaient par le marché.
«Comment, vous ne le savez pas? Mais si! Monsieur Untel a quitté sa femme. Pour une plus jeune!
– Non!!?? Le goujat!»

*Übung 10: Fügen Sie die passende Präposition ein!*
*(à (2x), au, en (2x), dans (3x))*

«Cela fait longtemps que je ne suis pas allé au marché. Je devrais y aller demain, tiens.
– Bonne idée, inspecteur! Je viens avec vous!»
Ils rentrèrent rapidement (1.) _____ le restaurant «La Bélière». Après la bouffée de froid, ce fut un grand nuage de fumée de cigarettes qui les fit tout d'abord suffoquer. C'était l'un des rares restaurants (2.) _____ ne réserver qu'une seule table aux non-fumeurs. Depuis la nouvelle loi qui interdisait de fumer (3.) _____ les lieux publics, les restaurants et cafés devaient réserver une partie de leurs locaux aux non-fumeurs. En général, (4.) _____ un endroit où ils ne pouvaient pas être dérangés par la fumée des autres. Mais à «La Bélière», il n'y avait pas de recoin. Le restaurant était petit. Un grand comptoir (5.) _____ coin faisait face à toute la pièce. A gauche et à droite, des tables et des chaises (6.) _____ bois

sombre. Toutes simples. Un peu comme (7.) _____ une cuisine. Les pieds droits reliés par un arc et le dos des chaises à barreaux. Bref, la décoration typique d'un café de quartier parisien. Celui où l'on se retrouvait pour bavarder pendant que les autres étaient (8.) _____ marché et où, chaque soir, les nostalgiques et les anciens du quartier venaient se retrouver pour un bœuf.

Le vieux piano au bout de la salle à droite du comptoir avait déjà bien servi et le petit amplificateur placé à côté laissait déjà supposer des soirées de musique improvisée qui devaient réunir, chaque soir, les anciens et les jeunes fanatiques de jazz, de swing, de chansonnettes de tout genre. Et lorsque plusieurs personnes jouaient ensemble un air inventé pour l'occasion ou repris pour le plaisir, on appelait cela un bœuf. Nathalie et l'inspecteur Cliquot s'assirent à la table la plus proche de la grande fenêtre et la plus éloignée du bar où la plupart des fumeurs étaient assis. Nathalie éternuait à tout bout de champ. Son allergie à la poussière semblait s'être étendue à la fumée de cigarettes.

Ils commandèrent tous deux un café. Un express pour l'inspecteur Cliquot et un crème pour Nathalie. L'inspecteur Cliquot fronçait des sourcils en réfléchissant à voix haute.
«Cette affaire est vraiment très grave! Un meurtrier! Et un spécialiste, de surcroît! Nous devons absolument chercher dans les milieux artistiques. La disparition d'un tableau me paraît bien étrange...»
Nathalie faisait aussi une drôle de mine. A la fois triste et très réfléchie. Cela lui donnait un air extrêmement sérieux derrière ses grandes lunettes.

*Übung 11: Welches Wort ist das „schwarze Schaf"? Unterstreichen Sie das nicht in die Reihe passende Wort!*

1. table, chaise, porte, divan, étagère
2. crème, express, chocolat chaud, sirop
3. riche, pauvre, grand, petit, gris, blanc
4. mère, père, fille, tante, fils
5. bleu, rouge, jaune, vert, roux
6. clavier, piano, guitare, violoncelle, harpe
7. bien que, pour que, parce que, sans que
8. tour Eiffel, Notre-Dame, Louvre, Montparnasse

«Pourtant, ce n'est pas un quartier de riches ici. L'appartement était bien rangé et propre, mais certainement pas celui d'un collectionneur! Êtes-vous certain que ce tableau ait une valeur? A-t-il vraiment été volé?»

Que de questions... Nous n'en étions encore qu'au début... Et l'assassin courait encore en liberté quelque part dans Paris. Peut-être avait-il déjà frappé une nouvelle fois? Non! Il ne valait mieux pas penser à cette horrible éventualité!

Comme pour chasser cette pensée, l'inspecteur Cliquot fit un grand geste de la main, juste au moment où le garçon apportait les boissons sur un plateau. Le plateau vola au-dessus de la tête de Nathalie pour s'écraser sur la fenêtre avec fracas. Les tasses se cassèrent par terre, tout leur contenu gicla sur les chaussures des gens assis à la table voisine. Heureusement, Nathalie et l'inspecteur n'avaient rien. Et puis, ils avaient perdu assez de temps. Il leur fallait faire vite. Il fallait éviter à tout prix un nouveau meurtre.

Il marmonna un rapide «au revoir» au garçon, attrapa les deux imperméables au passage, tout en faisant signe à Nathalie de se lever. Il venait d'avoir une idée formidable!

## ÜBUNG 12

*Übung 12: Finden sie das zum Adverb passende Adjektiv und schreiben Sie es in der männlichen Form auf!*

1. immédiatement   _____

2. malheureusement _____

3. vraiment   _____

4. étonnamment   _____

5. furieusement   _____

6. complètement   _____

«Au Louvre!» ordonna-t-il au taxi. Il s'était heureusement arrêté de pleuvoir et la prochaine station de taxis n'était pas loin. Pendant qu'ils descendaient la rue de Rennes, l'inspecteur expliqua son plan à Nathalie.

«Si ce tableau a vraiment une grande valeur, notre assassin essaiera de le revendre. Et qui connaît mieux les filières de ventes des œuvres d'art que ceux qui, tous les jours, craignent de perdre leurs œuvres dans de telles filières?»

Nathalie n'en revenait pas. C'était vraiment le plus grand inspecteur de Paris, il n'y avait aucun doute!

Cela n'était malheureusement pas si simple que ça. Quand ils furent arrivés au Louvre, la queue des visiteurs devant la pyramide semblait interminable. L'inspecteur voulait l'éviter et prendre une autre entrée. Il s'était donc dirigé tout droit vers les bâtiments du ministère de la Culture devant la pyramide, persuadé de rentrer au Louvre. A l'entrée, comme il ne trouvait pas la lumière, il essaya tous les boutons à sa portée. Jusqu'à ce gros bouton rouge en forme de champignon. L'alarme retentit immédiatement dans toute l'enceinte du ministère et du musée. Des gens affolés sortaient par toutes les issues. Grâce à la lumière qui s'était allumée à présent, on pouvait lire l'inscription à coté du bouton rouge: «Alarme en cas d'incendie!» Ils ressortirent, entraînés par la foule. Au moment où ils arrivaient devant la pyramide, des voitures et des cars de pompiers freinèrent en faisant crisser les pneus.

L'inspecteur put se frayer un chemin à travers la foule et les pompiers et entraîna Nathalie derrière lui.

«Tout de même, arriver juste à ce moment! Nous n'avons pas de chance, vraiment. Allons au bureau! Nous trouverons certainement une piste.»

## *Übung 13: Ordnen Sie die Buchstaben zu einem sinnvollen Wort!*

Effectivement, sur son (1. rebuau) _____ et sur celui de

Nathalie, qui venait d'être installé en face du sien, un tas de

(2. sfeiulle) _____ les attendait. Nathalie commença à les trier:

- le rapport de la médecin légiste

- le rapport des interrogatoires des (3. siviosn) _____

- le rapport du service des empreintes

- le rapport du laboratoire.

«Et bien, ce n'est pas la (4. tulerce) _____ qui manque!»

L'inspecteur Cliquot souriait bizarrement en regardant Nathalie.

«Vous qui avez l'habitude des documents, vous saurez sûrement

démêler tout ça! Quant à moi, je continue à suivre ma piste. Nous

nous retrouverons demain (5. tnima) _____ au bureau.»

Nathalie s'assit à son bureau. Après tout, elle aimait bien la paperasserie. Et puis ce cas commençait vraiment à l'intriguer...

À peine entré dans le bureau, le téléphone se mit à sonner. L'inspecteur Cliquot décrocha en bâillant. Il n'était pas encore tout à fait réveillé, malgré le bon petit-déjeuner qu'il venait de prendre. «Allô? Oui, je suis bien l'inspecteur Cliquot. Oui, c'est bien moi qui m'occupe de l'enquête de la rue Daguerre... Comment?... Un nouveau meurtre? Rue Deparcieux? Mais c'est tout à côté!
Oui, oui... J'arrive tout de suite!»
Il se précipita vers la porte. Ni la chaise, ni le bureau, ni aucun des meubles ou objets qu'il rencontra ne tomba par terre. Mesure spéciale de la préfecture de Paris. Pour qu'au moins à cet endroit il ne fasse pas de dégâts, tout avait été fixé avec des vis. Il n'y avait que le papier qui pouvait s'envoler dans son bureau. Mais Nathalie n'avait pas oublié de tout ranger avant de partir.
En sortant du bureau, il faillit renverser Nathalie qui voulait mettre la main sur la poignée.
«Nathalie! Un nouveau meurtre! Rue Deparcieux, dans l'arrière-salle d'un petit restaurant: «Le Clair de Nuit». Avez-vous trouvé quelque chose d'intéressant hier?
– Oui, inspecteur! Le rapport d'autopsie a révélé une bizarrerie. Le meurtrier aurait gravé sur l'épaule de la victime l'esquisse d'une tour qui ressemble beaucoup à la tour Montparnasse. Il semble avoir utilisé pour cela la pointe d'un objet très aiguisé - probable-ment l'arme du crime. Sinon, aucune trace. Aucune empreinte autre que celle de la victime et de sa femme de ménage. Un homme qui devait vivre retiré... Aucune personne étrangère au bâtiment n'a

été remarquée avant-hier par les voisins. Le meurtrier semble s'être envolé.
– Quand même! Aucune trace... Madame Jeanin a raison... C'est vraiment un pro!»

*Übung 14: Wie lauten die Sätze richtig? Tragen Sie diese mit Satzzeichen und richtiger Groß- und Kleinschreibung ein!*

1. semble pas courant il ne au être

___

2. terre faillit par il tomber

___

3. à frère ressemble il beaucoup son

___

4. sortant maison de ferma il en la

___

5. révélé m' secret il a son

___

6. trouvé avez quelque d'original vous chose de

___

«Le Clair de Nuit» se trouvait au bout de la rue Deparcieux, à environ une minute à pied de l'appartement où avait eu lieu le premier crime. L'inspecteur Cliquot monta le premier les trois marches qui menaient au restaurant. A droite et à gauche, deux grandes vitres

entouraient la porte peinte en bleu. Deux lampes bleues, elles aussi, éclairaient l'entrée. Sur la droite un petit bar en bois sombre. En face du bar une série de cinq tables alignées les unes derrière les autres. Toutes pour quatre personnes au maximum. Au bout du bar se trouvait une porte à laquelle pendait un rideau. Elle masquait un petit escalier de pierre. Celui qui menait à la cave. A mi-hauteur de l'escalier une porte: les toilettes. La cave avait un plafond blanc voûté. Sur la gauche, un piano ouvert faisait face à la salle. La salle était un peu plus grande que celle d'en haut. Un banc en similicuir noir courait le long du mur. Des tables étaient placées devant le banc et au milieu de la salle. Les mêmes que celles d'en haut.
«Un petit restaurant, mais très sympathique…» soupira Nathalie.

*Übung 15: Welches Wort ist das „schwarze Schaf"?*

1. plafond, mur, toit, porte, hauteur
2. cave, toilettes, lampe, entrée, grenier
3. banc, piano, trombone, flûte, violon
4. bleu, violet, courbé, beige, brun
5. hauteur, largeur, couleur, profondeur, longueur

En retournant dans la salle du haut, elle aperçut le tableau noir pendu au mur. Le menu de la veille était encore écrit à la craie:
Casserole d'escargots à l'ail
Œuf poché au saumon
Pavé au poivre*
Escalope de veau à la Normande*
Mousse au chocolat
Gâteau Léo
*Accompagnement au choix: haricots verts à l'ail ou frites

*Übung 16: Sind die folgenden Aussagen richtig? Markieren sie mit richtig ✔ oder falsch –!*

1. La casserole d'escargots est faite à base de poisson. ☐
2. L'œuf poché au saumon contient de la viande. ☐
3. Le pavé au poivre est de la viande de bœuf. ☐
4. Il y a de la crème fraîche dans l'escalope de veau à la Normande. ☐
5. Il faut de la farine pour faire une mousse au chocolat. ☐
6. Le gâteau Léo est un dessert. ☐

Mmmmmh! Cela avait l'air vraiment bon! Mais l'heure du déjeuner était encore loin. L'inspecteur venait de rentrer par une petite porte à droite du tableau, Nathalie à sa suite. La cuisine était toute petite mais très bien équipée. Tout était propre et rangé. En la traversant, on entrait dans une petite cour par la porte opposée.

Un jeune homme se tenait adossé au mur. D'un air hagard, il regardait le bout de ses chaussures. «C'est vous qui avez trouvé la victime?» Le jeune homme se retourna vers l'inspecteur Cliquot en acquiesçant de la tête. Ses mouvements étaient lents, sans entrain, son regard vide.

– Inspecteur Cliquot. Voici mon assistante. Nathalie Claudel. Et bien... racontez-nous comment!

– Je suis venu comme tous les jours préparer la cuisine. Je m'appelle Frank Sidan. Je suis cuisinier. Le patron m'a engagé lorsqu'il a acheté le restaurant à un de mes amis qui voulait partir ailleurs. Comme j'avais l'habitude de la petite cuisine et que la clientèle était contente de mes plats, il a préféré me garder. Ce matin, j'ai d'abord été voir dans la cour quels légumes avaient été livrés, comme toujours. C'est là que j'ai remarqué la porte entrouverte. Vous voyez, là!»

Il montrait du doigt une porte de l'autre côté de la cour.

*Übung 17: Tragen Sie die Adjektive in Klammern mit den richtigen Endungen ein!*

«Ça appartient au «Clair de Nuit». Il y a deux (1. petit) _____ pièces. Celle par laquelle on entre sert à conserver les boissons. Vous savez, nous sommes connus pour nos bières, même d'origine (2. allemand) _____! Mais cela prend de la place. Dans la (3. petit) _____ pièce à côté, il y a un lit et un lavabo. Quand il est vraiment trop tard ou que le patron a trop fait la fête avec les clients, il dort ici. C'est plus (4. pratique) _____. Bref, ce matin, quand j'ai aperçu la porte (5. entrouvert) _____, je me suis dit que ce n'était pas (6. normal) _____. Le patron ne se lève jamais avant midi quand il dort ici. Alors, je suis allé voir. On a déjà été cambriolé plusieurs fois... En poussant la porte, j'ai senti quelque chose qui bloquait. J'ai passé la tête dans l'entre-bâillement de la porte... Et c'est là que j'ai vu le patron. Couché derrière la porte. Les yeux grand (7. ouvert) _____. Il n'y avait aucun doute, il était...»

Il ne put prononcer le mot et essaya de se retenir pour ne pas sangloter.

«C'est vous qui m'avez appelé?
– Oui. Dans le quartier, tout le monde sait que vous êtes venu hier, rue Daguerre. Alors j'ai demandé à vous parler. C'est tout de même pas normal, non? Deux amis tués en deux jours!
– Deux amis?
– Oui, Monsieur Sylvain, celui de la rue Daguerre, et mon patron se connaissaient déjà depuis leur enfance. Monsieur Sylvain venait

souvent au «Clair de Nuit». On avait même baptisé un gâteau du nom de son chien, mort il y a deux ou trois ans: le gâteau Léo. C'était son gâteau préféré. Et le patron, hier, il n'arrêtait pas de parler du gâteau Léo après avoir appris la nouvelle de la mort de son ami. D'ailleurs, il n'a pas ouvert longtemps. Et pourtant, il ne faut pas fermer trop souvent. Par les temps qui courent…

– Ah bon… Pas longtemps?

– D'habitude, on ne ferme pas avant quatre heures du matin. Tout le quartier sait qu'ici, on peut encore bien manger à n'importe quelle heure de la nuit ou presque. Or, hier le patron a fermé à dix heures!

– Dix heures du soir?

– Bien entendu! Nous ne sommes jamais ouverts le matin!

– A-t-il dit pourquoi il voulait fermer si tôt?

– Non. Au début, j'avais plutôt l'impression qu'il voulait travailler le plus possible pour se changer les idées. Mais d'un seul coup, il a changé d'avis.

– Qu'est-ce qui a bien pu lui faire changer d'avis comme ça?

– Attendez! C'était juste après le coup de téléphone! Lorsqu'il a pris l'écouteur, il est devenu blanc. Tout pâle. Comme si quelque chose l'avait frappé… Ensuite, il n'a plus eu qu'une seule idée en tête: fermer! Il a dit à tout le monde qu'il ne pouvait pas continuer ce soir. Juste le lendemain de la mort de son ami. Il a remercié tous les clients et les a renvoyés. Gentiment, mais fermement. Je lui ai bien proposé de rester seul au restaurant et au bar. Cela n'aurait pas été la première fois. Mais il a refusé catégoriquement. Il semblait avoir hâte. Il regardait toujours par la vitrine et sur sa montre. Comme s'il avait attendu quelqu'un.

Quand je suis sorti, il devait être dix heures pile. D'ailleurs, c'est facile à vérifier. Dans le couloir, en sortant, j'ai croisé un médecin habillé tout en blanc. Il portait une valise de secours et avait même un masque sur la bouche. Vous savez? Comme les chirurgiens. J'ai

été étonné, car je ne l'avais pas entendu venir. Et puis, c'était la première fois que j'en voyais un habillé de la sorte. Mais la voiture du
SAMU était garée devant la porte. Encore un problème de couple
chez un voisin, certainement. Dans l'immeuble, ce n'est pas rare!»
En voilà un jeune homme qui a le sens de l'observation!
Nathalie n'en revenait pas. Si tous les témoins de la terre étaient
comme lui, les meurtriers auraient la vie dure!

*Übung 18: Wählen Sie die richtige Alternative!*

1. Comment s'appelait le chien de l'ami du patron?
   a) ☐ Sylvain
   b) ☐ Léo
   c) ☐ Daguerre

2. A quelle heure «Le Clair de Nuit» ferme-t-il d'habitude?
   a) ☐ vers 4 heures du matin
   b) ☐ vers 10 heures du soir
   c) ☐ vers 4 heures de l'après-midi

3. Pourquoi le patron est-il devenu tout blanc?
   a) ☐ parce que le gâteau Leo qu'il a mangé avait été empoisonné
   b) ☐ parce qu'il a reçu un coup de fil qui l'a troublé
   c) ☐ parce que quelqu'un l'a frappé

4. Le serveur a pensé qu'un médecin était venu à cause:
   a) ☐ des voisins qui s'étaient disputés
   b) ☐ du patron qui ne se sentait pas bien
   c) ☐ du chien Léo qui était malade

L'inspecteur Cliquot se frottait les mains. Après avoir remercié le jeune homme, il s'était rapproché de la porte.

Par l'entrebâillement, il aperçut le docteur Jeanin qui observait minutieusement tous les détails du corps allongé. La victime devait avoir une cinquantaine d'années aussi. Il était impossible de ne pas remarquer son embonpoint. Son ventre était si gros qu'il fallait faire une très grande enjambée pour passer par-dessus. Le docteur Jeanin leva la tête et vit l'inspecteur en train de se faufiler par la porte à peine entrouverte.

«Ah non! Surtout, ne faites pas un pas de plus! N'avancez pas, vous dis-je! Avec vous, c'est le chaos! Alors attendez devant la porte!

– Mais, il faut bien que j'examine les lieux!

– Pas tant que je n'ai pas fini! Après, cela m'est égal. Je n'en ai d'ailleurs plus pour longtemps... Alors, patientez un peu!»

*Übung 19:* **Un, une, le** oder **la**? *Setzen Sie den passenden Artikel ein!*

L'inspecteur Cliquot se retourna vers Nathalie.

Elle regardait par (1.) _____ fenêtre, dans la salle.

«Ne manque-t-il pas là aussi (2.) _____ tableau?»

Elle désignait du doigt (3.) _____ mur d'en face. Dans le dos du docteur Jeanin.

«C'est vrai! Là aussi (4.) _____ tache claire...»

Il se dirigea vers le cuisinier, qui les regardait sans bouger.

«Monsieur Sidan, dites-moi, avez-vous remarqué si quelque chose manquait dans (5.) _____ pièce?

– Je n'y suis pas rentré. Je ne sais pas.

– Pouvez-vous jeter (6.) _____ coup d'œil par la fenêtre? Regardez! Là!»

Nathalie lui montrait de la main l'emplacement plus clair au mur. «Effectivement. Vous avez raison. C'est son ombre qui manque... Mais qui peut bien avoir un intérêt à dérober cette photo? Elle n'a absolument aucune valeur...

– Une ombre, une photo? Pourriez-vous être plus précis?

– En fait, c'est une photo. La photo d'un modèle de la tour Montparnasse. Il en était fier. Il m'avait raconté qu'ils avaient tous fait la même photo. Semblable et différente à la fois... Il avait, avec des amis, fait une reproduction en trois dimensions de la tour Montparnasse. Ils venaient tous du quartier. Ils avaient pris chacun leur ombre en photo projetée sur ce modèle. Si bien que chaque photo était la même, prise sous le même angle, le même jour, à la même heure... et différente à la fois. Ils avaient trouvé l'idée très bonne. D'autant plus qu'ils s'étaient donné un nom: «l'ombre sur la tour Montparnasse». Ou quelque chose du genre.

**!**

*Übung 20: Übersetzen Sie die Wörter und enträtseln Sie das Lösungswort!*

1. Fenster

2. Kindheit

3. Zeuge

4. Schatten

5. Hut

6. plaudern

7. Gesicht

8. befragen

Lösung: _ _ _ _ _ _ _ _

– Savez-vous qui étaient les autres? Combien étaient-ils? Quand cela se passait-il?

– Tout ce que je sais, c'est que monsieur Sylvain en faisait partie. Et le patron, bien sûr. Mais ils ne devaient pas être seuls. Lorsqu'ils parlaient de leur enfance ou de leur adolescence, ils parlaient souvent «des autres»... Je suppose qu'il devait au moins y en avoir deux de plus. Mais qui? Impossible de vous le dire! Je n'en ai aucune idée... Vous devriez demander à madame Bergros, la petite dame du premier. Elle habite le quartier depuis toujours. Elle a toujours salué mon patron. Mais ne s'est jamais arrêtée. Elle avait même l'air bizarre, quand il a repris «Le Clair de Nuit.» Comme si elle avait eu peur de quelque chose...

– Madame Bergros, dites-vous? Nous y allons de ce pas. Merci. Nathalie, pouvez-vous prendre les coordonnées de monsieur Sidan? Nous aurons certainement besoin de lui poser d'autres questions. Mais permettez-moi une dernière question. Votre patron avait-il des ennemis, avez-vous été témoin d'une éventuelle querelle?

– Non. Pas que je sache. Mais vous savez, mon patron était un peu impulsif... Alors, lorsqu'une livraison n'était pas complète ou qu'elle était erronée, il avait tendance à vite se mettre en colère. Mais tout le monde savait que cela ne durerait pas. Et il n'en voulait finalement à personne. Non, je ne vois vraiment pas qui pourrait vouloir lui faire du mal.»

L'appartement de madame Bergros, au premier, était petit et confortable. Elle fit entrer l'inspecteur Cliquot et Nathalie dans son salon, juste en face de la porte d'entrée. Une table ronde entourée de quatre chaises, un petit fauteuil à oreilles sur la gauche. Devant lui, une télévision d'un modèle ancien. Probablement en noir et blanc. Les rideaux aux fenêtres étaient déjà jaunis. Sur le napperon au milieu de la table, une coupe offrait ses berlingots multicolores aux yeux des gourmands.

*Übung 21: Übersetzen Sie die vorgegebenen Wörter!*

«Vous en voulez? Je vous en prie, asseyez-vous! Puis-je vous offrir une tasse de thé?

– Avec plaisir!» Ils avaient de nombreuses (1. Fragen) _____ à poser à la vieille dame et Cliquot commençait à avoir (2. Durst) _____.

Nathalie se souvenait trop bien de l'épisode de la tasse de thé restée collée par l'anse au (3. Finger) _____ de l'inspecteur. Il avait dû finalement casser la tasse pour se sortir de ce problème. «Serait-il possible de boire le thé dans des (4. Schalen) _____? Nous n'avons pas bu depuis plusieurs heures et je suis sûre que votre thé est très bon...

– Ma foi, si vous voulez. Je vais donc faire une grande (5. Teekanne) _____ et vous servir le thé dans des bols. Un instant, s'il vous plaît!»

Elle disparut par une petite porte derrière le fauteuil. La cuisine, sans doute. On entendait des bruits de vaisselle à travers la porte. L'inspecteur Cliquot n'avait pas pu résister à l'invitation de la vieille dame et plongeait déjà sa main dans le bol de berlingots. Ah! Les berlingots! Ces bonbons de couleurs vives et rayés de blanc! Ces triangles en trois dimensions. Du sucre pur! Aromatisés à la fraise, au citron, peu importe, pourvu qu'ils soient multicolores et très sucrés! Les berlingots étaient une spécialité traditionnelle à Paris, comme la guimauve. La vraie. Celle qui coule des bras de la machine. Celle qui ne s'arrête jamais de couler. Elle aussi très sucrée. Mais à pâte molle. Au jardin d'acclimatation, au jardin des plantes et dans tous les petits kiosques à bonbons dans les jardins de Paris, on trouvait souvent des berlingots et de la guimauve. Depuis quelques années, la guimauve ne se trouvait plus qu'au jardin d'acclimatation. On voyait de loin ces roues qui tournaient inlassablement, la guimauve enroulée autour des trois bras à la manière d'une pelote de laine. Rien à voir avec la guimauve des bureaux de tabac!

*Übung 22: Beantworten Sie die Fragen zum Text!*

1. Quel est l'ingrédient de base du berlingot?

_____

2. Où pouvez-vous acheter de la vraie guimauve à Paris de nos jours?

_____

3. Où peut-on acheter de la «fausse» guimauve?

_____

4. Quel bonbon évoqué dans le texte est mou?

_____

5. Combien de bras a la machine à guimauve?

_____

Le problème des berlingots est qu'ils collent. Cliquot l'avait oublié. Il voulut prendre le rouge vif, celui qui se trouvait sous les autres. Il ressortit une main sur laquelle des berlingots collaient de tous les côtés. Il attrapa le rouge avec les dents et essaya de remettre les autres dans la coupe. De la main gauche, il essaya de les décoller. Les berlingots passèrent d'une main à l'autre, sans se déposer dans la coupe. Il essaya une nouvelle fois de la main droite. Même problème. Il secoua la main. Un berlingot se détacha aux deux tiers. Par petits à-coups, il le fit retomber dans la coupe. Il tourna son regard très fier vers Nathalie. Elle observait le tout, très étonnée de la nouvelle adresse de son patron.

A ce moment, madame Bergros sortit de la cuisine portant devant elle un plateau et les bols. L'inspecteur Cliquot se leva pour l'aider. Avant que Nathalie ne réalise ce qui se passait, il prit le plateau des mains de son hôtesse. Il sentit les berlingots qui le gênaient, secoua la main de toutes ses forces pour les détacher, oubliant qu'il tenait le plateau. Le plateau glissa, les bols tombèrent sur la moquette.

**!**

**ÜBUNG 23**

*Übung 23: Fügen Sie in den idiomatischen Redewendungen das passende Wort ein!*
*(mains, oiseau, tête, éléphant, plat, nuages, lune, pompes, air)*

1. être tête en l'_____

2. être une vraie _____ de linotte

3. mettre les pieds dans le _____

4. avoir deux _____ gauches

5. être dans la _____

6. être à côté de ses _____

7. avoir la tête dans les _____

8. être comme un _____ dans un magasin de porcelaine

9. avoir une cervelle d'_____

«Ne vous inquiétez pas, ils sont incassables! Mon défunt mari était très maladroit. Je connais le problème! J'ai pris l'habitude de verser le thé dans les tasses uniquement à table. Vous voyez? Aucune casse!
– Pardonnez-moi, madame... Nous avons appris que vous étiez dans le quartier depuis longtemps...
– Depuis toujours, depuis toujours... Je suis même née en 1925 dans cette maison. Au rez-de-chaussée, dans ce qui sert de restaurant, maintenant... J'ai vu le quartier se transformer au fil du temps, des guerres, de l'histoire... Que voulez-vous savoir?
– Vous avez certainement eu vent de ce qui s'est passé dans l'arrière-salle du «Clair de Nuit?»»

*Übung 24: Setzen Sie die Verben in die entsprechenden Lücken ein!*
*(pendus, aurait, connaissiez, reprenait, regardait, rendait, lire)*

La vieille dame blêmit. Son regard devint fuyant. Elle (1.)

_____ ses mains et son sourire accueillant s'était figé.

«Il est mort, n'est-ce pas?

– Oui. Le (2.) _____-vous bien?

– Oh, vous savez, tout le monde se connaît dans le quartier. C'est

comme partout. On voit toujours passer les mêmes personnes, on se dit bonjour et le tour est joué. Mais de là à tout savoir sur quelqu'un, il y a un gouffre!»

Elle (3.) _____ des couleurs. Son visage rond redevenait jovial. Ses cheveux gris coiffés en chignon lui donnaient un air de grand-mère sortie d'un conte de fées. Elle avait un peu d'embonpoint, était vêtue d'un costume noir, simple et classique. Un aspect qui échappait au temps et qui (4.) _____ son âge indéfinissable. Avec ses grandes lunettes rondes et ses fines lèvres en forme de cœur, on l'imaginait très bien au coin du feu, une tasse de thé à la main, dans un grand fauteuil bien douillet, en train de (5.) _____ un conte à ses petits-enfants assis sur des coussins par terre et (6.) _____ aux lèvres de leur grand-mère. Avec un bon gâteau au chocolat, le tableau (7.) _____ été parfait.

Quelque chose lui faisait peur; oui, mais quoi? Nathalie posa son bol sur la table.

«Il est délicieux, votre thé, madame. Exactement comme il faut! Vous n'êtes donc jamais partie de ce quartier?

– Oh, vous savez, moi, les voyages! Et puis, de mon temps, cela n'était pas aussi facile qu'aujourd'hui. D'autant plus que Montparnasse avait bien des choses à offrir. Tout le monde venait à Montparnasse! Alors, pourquoi aller ailleurs?

– Comment cela? Tout le monde?

– Vous n'êtes pas du quartier, mademoiselle. Et puis bien trop jeune pour avoir connu tout cela. Et bien voilà:

Montparnasse, contrairement à ce que tous les touristes croient, est le vrai quartier des artistes à Paris. Lorsqu'un touriste pense à la peinture, il va à Montmartre. Et bien, il a tort. C'est à Montparnasse que la tradition des arts plastiques est la plus forte. Figurez-vous qu'à l'époque des mes parents, le quartier était en pleine ébullition artistique. Des jeunes artistes du monde entier venaient s'installer à Montparnasse. C'était la grande époque du cubisme. Ces artistes ont formé ce que l'on appelle l'Ecole de Paris. Tout le monde se connaissait. Il n'y avait pas de porte fermée. On venait se rendre visite. Le Douanier Rousseau, qui habitait avenue du Maine, et Modigliani, le «Roi des Montparnos», ont rendu le quartier célèbre dans le monde entier. Modigliani, vous savez, c'est ce peintre-dessinateur et sculpteur italien qui réalisa à Montparnasse une grande partie de son œuvre, sans connaître de succès, malheureusement. Tenez, si vous voulez avoir une bonne idée de la vie que l'on menait au début du XXe siècle à Montparnasse, allez voir le film «Montparnasse 19» de Jacques Becker. Vous y reconnaîtrez Gérard Philipe incarnant Modigliani avec un très grand talent, comme toujours.

*Übung 25: Wie heißt das Wort auf Deutsch? Setzen Sie die richtige Ziffer ein!*

| | |
|---|---|
| 1. peintre | ☐ Künstler |
| 2. célèbre | ☐ Friedhof |
| 3. loyer | ☐ Papierkram |
| 4. cimetière | ☐ blass |
| 5. blême | ☐ berühmt |
| 6. artiste | ☐ Maler |
| 7. paperasserie | ☐ Miete |

Une grande partie des artistes immigrés venaient d'Europe centrale et même d'outre-Atlantique. A «La Closerie des Lilas», une fois par semaine, de jeunes écrivains se réunissaient autour de Paul Fort, le roi des poètes. Aujourd'hui encore, d'ailleurs, c'est le rendez-vous des écrivains. A «La Rotonde», des artistes de toutes les nationalités rencontraient des personnalités russes en exil. Certains, comme Blaise Cendrars, par exemple, s'y attardaient pour jouer aux machines à sous. Même Trotski y avait sa table. De l'autre coté, les artistes allemands préféraient aller au «Dôme». Les architectes avaient eux aussi choisi Montparnasse comme laboratoire pour leurs nouvelles idées. Avez-vous déjà vu la maison de l'architecte Sauvage, au 26 rue Vavin? Une toute nouvelle idée pour l'époque. Du style «Art déco». Elle est couverte de céramique et construite sous forme de gradins qui servent de terrasses-jardins. Cette nouvelle manière de construire, qui doit apporter le plus de lumière possible dans l'habitation, a été à l'origine d'une nouvelle formule architecturale qui fut très souvent reprise, dans le monde entier, pour les constructions après la guerre. Promenez-vous sur les boulevards Montparnasse et Raspail! Et surtout, regardez vers le haut! Observez tous ces immeubles: vous y reconnaîtrez de de nombreuses tentatives qui évoqueront à vos yeux les idées folles des architectes du siècle dernier.

Et la Ruche! Vous n'allez tout de même pas me dire que vous ne connaissez pas la Ruche! La Ruche avait été fondée par Alfred Boucher, un sculpteur à la mode à l'époque. Il faisait les bustes des gens du monde et les vendait très cher. Avec cet argent, ce philanthrope avait eu une idée fameuse qui correspondait aux tendances de l'époque. Il acheta un terrain et y fit construire une grande maison. Il rajouta quelques vestiges qu'il avait rachetés de l'Exposition universelle de 1900, comme par exemple la Rotonde des Vins, un bâtiment polygonal en forme de ruche - d'où le nom de l'ensemble -

qu'il divisa pour en faire des ateliers. Il accueillait, dans cette sorte de cité des arts près des abattoirs de Vaugirard, les artistes peu fortunés et leur offrait logis et atelier pour un loyer très modeste.

*Übung 26: Beantworten Sie die Fragen zum Text!*

1. Paul Fort était-il un poète ou un musicien?

___

2. Henri Sauvage était-il un architecte ou un écrivain?

___

3. Blaise Cendrars était-il d'origine allemande ou russe?

___

4. D'où vient le nom de la Ruche?

___

5. Quel est l'avantage du style «Art déco»?

___

6. A quel endroit se rencontraient les artistes allemands?

___

Sans la Ruche, le monde n'aurait certainement jamais connu les œuvres de grands peintres et sculpteurs de ce siècle: Zadkine, Soutine ou Chagall, qui venaient des pays de l'Est; Fernand Léger, Modigliani aussi, pour n'en citer que certains. Ils attiraient à leur tour d'autres artistes, virtuoses des lettres, comme Apollinaire ou Max Jacob. L'endroit déclina cependant entre les deux guerres et lorsque, dans les années soixante, le tout fut menacé de destruction, de nombreux artistes célèbres décidèrent de sauver la Ruche. Avec l'argent de René Seydoux, ils fondèrent à leur tour une association qui accueille encore aujourd'hui dans la Ruche des artistes de tous genres, mais surtout des plasticiens et des musiciens. Les ateliers sont classés monuments historiques et l'idée a fait recette. D'autres «Ruches» sont nées à Paris.

De grands artistes ont vécu à Montparnasse. Picasso, par exemple. Savez-vous qu'il avait un appartement très luxueux, rue Schoelcher?

*Übung 27: Nennen Sie ein Synonym für die folgenden Wörter!*

1. bâtiment _____

2. figure _____

3. tout à coup _____

4. vue _____

5. assassin _____

6. regarder _____

7. docteur _____

8. modifier _____

Du côté de Denfert-Rochereau, certains, comme Van Dongen, avaient leur atelier aux alentours du lion de Belfort. On y organisait de grandes fêtes dans lesquelles se rencontrait le tout Montparnasse artistique et populaire. Entre les deux guerres, le quartier se transforma beaucoup. Le quartier n'attirait plus seulement les artistes du monde entier, mais tous ceux qui jouissaient d'une certaine renommée et qui voulaient en jouir. Il fallait se «montrer» à Montparnasse pour entretenir sa célébrité. Le quartier devenait de plus en plus riche. Les bistrots dans lesquels les artistes venaient autrefois boire un verre à bon prix et philosopher sur le monde se transformaient petit à petit en grands cafés chic. On décorait les intérieurs de cuir rouge. Les cafés s'agrandissaient, prenaient des proportions énormes, avec de grandes salles. Allez donc voir à «La Coupole», Boulevard Montparnasse! On y danse encore au sous-sol. Vous y verrez encore un bon exemple de la folie des grandeurs de cette époque. On y faisait des fêtes qui sont restées célèbres. À n'importe quelle occasion! C'était le début du cinéma. Deux grandes salles célèbres étaient installées dans le quartier. La première était spécialisée dans les films soviétiques et dans les œuvres de producteurs juifs polonais, tandis que la deuxième passait des films américains. Bien plus tard, la tradition du «Vavin» fut reprise par le «Cosmos», rue de Rennes, qui, à son tour, ne passait que des films soviétiques.

*Übung 28: Finden Sie das zum Adjektiv passende Substantiv!*

1. célèbre      _____

2. vieux      _____

3. beau      _____

4. haut      _____

5. tranquille _____

6. fidèle _____

Juste à côté d'ici, la rue de la Gaîté portait bien son nom. On y trouvait par exemple des marchands d'accordéon, des restaurants, des bistrots devenus célèbres. «Bobino» était devenu le temple de la chanson populaire. Chevalier, Fréhel, Piaf, Gréco... tous des noms liés pour toujours à la rue de la Gaîté. Le vieux théâtre Montparnasse était un haut lieu de l'art dramatique. Il y avait même un magicien très célèbre qui enchantait le Tout-Paris, Gaston Baty. Dans l'atelier 17, un immeuble bâti exprès pour offrir des ateliers à des artistes sur quatre étages, avec de grandes fenêtres en arc, rue Campagne-Première, de grands noms des arts se retrouvaient: Miro, Max Ernst, Kandinsky, pour n'en citer que quelques-uns.

Au moment de l'occupation, le quartier fut envahi par les troupes allemandes. De nombreux artistes s'en allèrent. La plupart était d'origine juive. Ils étaient contraints de disparaître, de s'en aller vers des lieux plus tranquilles. Et à Montparnasse, dans les grands cafés, ce sont les uniformes verts qui ont remplacé la foule mondaine d'avant-guerre.

Savez-vous que c'est par l'avenue d'Orléans et le boulevard Montparnasse que le général Leclerc est entré dans Paris le 14 août 1944 lors de la Libération? Et oui, encore notre quartier! D'ailleurs, Leclerc choisit de s'installer dans la gare de la place de Rennes avec son état-major. Une gare qui a ensuite été rasée sous de Gaulle. Mais le quartier avait déjà dû abandonner son trône. Au profit de Saint-Germain.

A partir de cette époque, tout a changé. A part deux ou trois grands cafés, comme «La Coupole», «La Rotonde» ou «Le Dôme», qui sont toujours restés fidèles à eux-mêmes, tout se transformait.

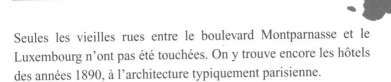

Seules les vieilles rues entre le boulevard Montparnasse et le Luxembourg n'ont pas été touchées. On y trouve encore les hôtels des années 1890, à l'architecture typiquement parisienne.

*Übung 29: Welche Wörter gehören zusammen? Setzen Sie die richtige Ziffer ein!*

1. gare
2. immeuble
3. rue
4. cheminée
5. garage

☐ appartement
☐ trottoir
☐ quai
☐ voiture
☐ toit

De nouveaux immeubles modernes ont pris la place des anciens quartiers à l'esprit bohème. Le premier ensemble qui transforma tout le quartier fut celui de la gare Montparnasse avec sa grande tour qui ressemblait à un building américain de l'époque. Sa construction commença en 1969, d'après des plans de Raoul Dautry, élaborés en 1934. Georges Pompidou avait jugé à l'époque les tours de Notre-Dame «trop basses» et avait qualifié de «rétrograde» la répulsion des Parisiens pour les constructions en hauteur. La tour fait 200 mètres de haut et a 58 étages. Elle est construite en acier et en verre fumé. On peut y aller encore de nos jours pour admirer, du haut de la tour, un panorama exceptionnel de la ville.

Dans les années quatre-vingt, la transformation continua. A l'époque, la rue de l'Ouest était encore un vestige des quartiers où la vie artistique s'était épanouie. Elle était sombre. De nombreux «squatteurs» - vous savez, ces jeunes qui s'installent dans un appartement sans payer de loyer et y restent à leur guise - s'étaient installés dans cette rue aux immeubles délabrés. Sur les trottoirs, ils vous accostaient, prononçant à toute vitesse, en vous lançant un regard furtif, le mot «shit». Ils vendaient de la drogue aux passants. Pour mettre un terme à cette délinquance, la mairie de Paris, représentée par Jacques Chirac à l'époque, décida de continuer la «modernisation» du quartier et de les faire partir avec l'arrivée des grues des travaux publics. La zone Guilleminot-Vercingétorix, qui se trouve près de la place de la Catalogne, fut «revalorisée». Deux immeubles furent construits en 1988 en harmonie avec l'ensemble immobilier que Ricardo Bofill avait fait ériger en 1983. Vous savez, avec deux îlots de constructions de chaque côté d'une allée centrale: les Colonnes et l'Amphithéâtre. Ce projet était très controversé à l'époque. De nombreux habitués du quartier sont partis, ne reconnaissant plus du tout «leur» Montparnasse.

**!** *Übung 30: Übersetzen Sie die vorgegebenen Wörter!*

Il y a bien eu un joaillier, Cartier, qui a essayé de faire revivre la tradition (1. künstlerisch) _____ de Montparnasse. Il a créé en 1994 une fondation pour l'art (2. zeitgenössisch) _____, boulevard Raspail, à l'emplacement de l'ancien Centre culturel américain. Mais ce n'est plus la même chose. Vous savez, on ne peut pas faire revivre une époque. Ou bien suis-je trop vieille pour y croire? Mais allez donc faire un tour au (3. Friedhof) _____ Montparnasse, juste à côté, au bout de la rue, en bas. Vous y verrez les grands noms des arts qui vous rappelleront ce que je viens de vous raconter. Il a d'ailleurs été créé en 1824 et c'est le deuxième cimetière de Paris par sa taille. Vous y trouverez par exemple Charles Baudelaire reposer aux côtés de bien d'autres personnalités célèbres. Lisez les noms, passez d'un (4. Künstler) _____ à l'autre et vous revivrez intérieurement la grande époque de Montparnasse.»

Nathalie et l'inspecteur Cliquot étaient fascinés par la culture de cette vieille dame. Ils restèrent encore un moment silencieux, plongés en pensée dans le Montparnasse des artistes.

*Übung 31: Setzen Sie die Verben in der angegebenen Zeitform ein!*

«(1. vouloir, présent) _____ -vous encore un peu de thé?
– Non, merci bien. Il est délicieux, mais nous ne voulons pas vous importuner trop longtemps.
– Vous ne m'importunez nullement! C'est un peu une marotte, l'histoire de Montparnasse, voyez-vous. Lorsque l'on (2. naître, présent) _____ dans un quartier et y passe toute sa vie, il est difficile de penser à autre chose.
– Maintenant que nous avons, grâce à vous, une idée de la vie de Montparnasse au cours du siècle dernier, (3. pouvoir, conditionnel) _____ -vous, s'il vous plaît, revenir sur la période des années soixante-dix à quatre-vingt. C'est l'époque qui nous intéresse en fait. Voyez, tout porte à croire que la clé du mystère se trouve dans l'enfance des deux victimes. Or, ils (4. avoir, imparfait) _____ tous les deux environ cinquante ans.

– Ma foi, ces années-là étaient celles de ma vie active. Or, lorsqu'on travaille, il reste bien peu de temps pour s'intéresser vraiment au reste. Vous devez certainement en savoir quelque chose, n'est-ce pas? Dans le quartier, nous n'étions, en fait, concernés que de loin par toutes ses transformations. Bien sûr, dès que l'on sortait de la rue Froidevaux, on tombait sur le grand chantier de la tour, les bâtiments autour de la gare. Vous savez comment nous les avons appelés dans le quartier? «La cage aux lapins»! Ils sont longs, très hauts, les plafonds sont bas et ils sont tout en verre. On voit l'intérieur des appartements. D'ailleurs, les pièces que j'ai vues ne sont pas très grandes non plus. Ils donnent sur l'arrière, directement sur la gare. Dans les années quatre-vingt, un toit a été construit au-dessus de la gare pour les protéger du bruit des trains qui partaient et arrivaient. J'ai une amie qui y a habité pendant un moment. Tout moderne, la cuisine, la salle de bains, les chambres: carré, tout était carré! Bien sûr, les appartements sont plutôt clairs. Ils sont tout en vitres, devant et derrière. Mais je trouvais cela bizarre - et mon amie aussi. Nous étions assises à la table de la cuisine, devant la fenêtre qui allait jusqu'au sol et les gens passaient dessous, dans la rue. Ils auraient pu voir chacun de nos mouvements. On se sentait un peu observées. Même si ce n'était pas le cas. Mais ce qui m'a épatée, à l'époque, c'est la solidarité qui régnait parmi les habitants de cet immeuble. Cela le rendait sympathique, malgré tout.

## ! Übung 32: Unterstreichen Sie die richtige Alternative!

Ces années étaient des années mouvementées, de transformation. Notre génération travaillait. L'argent devenait de plus en plus (1.) rare/accessible, car le quartier se «revalorisait», comme ils disaient. Donc, il devenait plus cher. Tous ces travaux de tous les côtés, tout ce bruit: la vie devenait de plus en plus (2.) tranquille/stressante. Les magasins ouvraient, fermaient, se transformaient. Mais ici, autour de la rue Daguerre, heureusement, c'était comme un îlot de (3.) vacarme/paix dans tout ce tohu-bohu. Pas de travaux, pas de bruit, toujours les mêmes personnes, le marché, les mêmes cafés, le tabac et ses machines à sous. «Le Clair de Nuit» a ouvert ses (4.) portes/fenêtres vers la fin des années soixante-dix. Au début, il ne faisait pas trop de bruit. J'y allais même de temps en temps avec mon mari. A la sortie du théâtre ou du (5.) lycée/cinéma, c'était pratique, ils proposaient toujours à manger, même juste avant la fermeture! Puis, c'est devenu plus bruyant, ou c'est nous qui avons vieilli. Lorsqu'ils ont reçu la (6.) permis/permission d'ouvrir jusqu'à quatre heures du matin, il nous était plus difficile de nous endormir. Trop de musique, trop d'allées et venues.

– Comment étaient les jeunes dans le quartier? Les connaissiez-vous aussi?

– Les jeunes?»

Elle sembla absente pendant un moment. Son regard s'était tourné un court instant vers une étagère couverte de livres. L'inspecteur et Nathalie suivirent son regard.

Sur l'étagère se trouvait une rangée de livres de toutes les tailles. Tous sur le quartier et sur Paris. Au milieu, trois livres sans indication sur la reliure. Trois livres à la couverture rouge. Assez volumineux, au dos en cuir. Nathalie reconnut tout de suite la couverture. Elle en avait déjà classé de nombreux de ce genre. Des ouvrages trouvés dans des appartements délaissés que la ville avait finalement vidés. Les meubles étaient vendus ou récupérés par Emmaüs, tandis que les livres étaient triés. Au rayon histoire, une grande étagère était réservée à ces «livres» sans titre. Des journaux. Ecrits par des quidams. Chaque journal était d'une importance particulière pour les historiens. C'est fou ce que l'on peut trouver comme renseignements dans un journal! Sur la vie quotidienne des gens d'un pays, d'une ville, d'un quartier. Sur l'impact des événements sur leur vie. Tous des témoignages précieux pour essayer de comprendre une époque. D'ailleurs, celui d'Anne Frank était un bon exemple.

Nathalie aimait les lire et ne s'en était pas privée aux archives. Elle en était sûre. Ces trois livres-là étaient des journaux écrits de la main de madame Bergros. Elle aurait donné gros pour savoir ce qui y était écrit...

«Les jeunes...»

## ! *Übung 33: Welche Bedeutung haben die folgenden Sätze?*

1. Madame Bergros était plongée dans ses pensées.
   a) ☐ Madame Bergros ne savait pas quoi penser.
   b) ☐ Madame Bergros n'écoutait plus à force de penser.
   c) ☐ Madame Bergros cherchait de nouvelles pensées.

2. Ces jeunes n'ont pas une once de méchanceté.
   a) ☐ Ces jeunes ne sont pas du tout gentils.
   b) ☐ Ces jeunes ne sont pas du tout méchants.
   c) ☐ Ces jeunes ne savent pas ce qu'est la gentillesse.

3. Je n'ai pas grand-chose à voir avec cela.
   a) ☐ Je ne vois pas très bien cela.
   b) ☐ Je n'ai pas l'intention de voir cela.
   c) ☐ Je ne suis pas du tout concerné par cela.

4. Cela fait 20 ans qu'elle est là.
   a) ☐ Elle est arrivée il y a 20 ans.
   b) ☐ Elle est arrivée quand elle avait 20 ans.
   c) ☐ Elle est arrivée 20 ans plus tard.

5. Son visage était blême.
   a) ☐ Son visage était animé.
   b) ☐ Son visage était immobile.
   c) ☐ Son visage était pâle.

Madame Bergros répéta ces mots d'un air absent, puis se reprit d'un seul coup, en faisant un petit mouvement de la tête, comme si elle voulait se réveiller.
«Les jeunes étaient comme partout et toujours. Tête en l'air, prêts à faire des bêtises et sans une once de raisonnement. C'est comme partout, les jeunes croient toujours qu'ils sont immortels!
Les années soixante-dix avaient vu de nombreuses bandes parcourir les rues de Paris. Montparnasse n'en était pas épargné. C'était surtout des bandes de rockers. Ils se rencontraient dans les stations de métro et parfois même se tapaient dessus. Et oui, comme dans les films! Mais, en général, ils laissaient les gens du quartier en paix. Il y avait certains codes à respecter entre eux. Mais nous n'avions pas grand-chose à voir avec eux. Vous devriez demander à ceux qui ont été jeunes dans le quartier. Demandez donc à «La Bélière». La patronne est là depuis au moins vingt ans. Elle pourra certainement vous en dire plus sur les jeunes. Elle l'était, à cette époque, en tous cas plus que moi!»
Son regard retourna se poser sur l'étagère de livres. Son visage était redevenu blême. Quelque chose la tourmentait. Mais quoi?

49

**ÜBUNG 34**

*Übung 34: Finden Sie das passende Substantiv!*

1. trembler _____

2. hésiter _____

3. effrayer _____

4. décider _____

5. frissonner _____

6. craindre _____

7. douter _____

8. reprendre _____

9. mouvoir _____

La main de madame Bergros tremblotait. Nathalie la prit doucement.

«Si quelque chose vous inquiète, n'hésitez pas à nous le dire...
Nous sommes là pour ça. Nous pouvons aussi vous protéger.

– Et vous pouvez nous appeler à tout moment. Nous viendrons
immédiatement!»

L'inspecteur Cliquot lui tendit sa carte. Madame Bergros se retourna vers lui, les yeux remplis de larmes. Elle fit un signe de remer-
ciement de la tête. Elle semblait vouloir retenir ses larmes, son
visage avait pris une expression de tristesse infinie.

D'un seul coup, elle se raffermit, se leva, se dirigea droit vers les
trois livres rouges, les prit et les tendit à Nathalie.

«Tenez. Trouvez-les. Et que justice soit enfin rendue!»

Elle ne semblait plus avoir peur, au contraire. Sa voix était ferme et
son regard décidé.

*Übung 35: Wie lauten die Sätze richtig? Tragen Sie diese mit Satzeichen und richtiger Groß- und Kleinschreibung ein!*

1. l'avait fort que le de taxi sursauta Cliquot inspecteur crié si chauffeur

_____

_____

2. venir va cet quand inspecteur il dites

_____

3. le des toujours collent qu' est ils problème berlingots

_____

4. donc partie ce vous jamais êtes n'de quartier

_____

5. s'à du entier artistes monde des Montparnasse installer venaient jeunes

_____

_____

6. par vieille de culture la étaient Cliquot et l' Nathalie fascinés dame cette inspecteur

_____

_____

7. une de les étagère sur l' trouvait se rangée de tailles toutes livres

_____

_____

L'inspecteur Cliquot et Nathalie remercièrent la petite dame et retournèrent dans la cour. Nathalie tenait précieusement les trois cahiers.

«Vous avez remarqué comme elle a hésité avant de nous remettre son journal?

– Un souvenir l'oppresse. A chaque fois que le mot «jeune» est prononcé. J'aimerais bien savoir ce que c'est.

– Nous le saurons bientôt. Dès que j'aurai fini de le lire. Permettez-moi de les emporter chez moi, j'aurai plus rapidement terminé. J'en suis toute retournée. Quel peut bien être le terrible secret de cette gentille dame?

– Prenez-le, bien sûr. Et faites-en un résumé. Je compte sur votre perspicacité!»

Au moment où ils arrivèrent dans la cour, le docteur Jeanin sortait l'air satisfait de l'arrière-salle.

«Il est à vous! Si vous voulez le voir. Sinon, je le fais emporter immédiatement...

– Prenez-le, prenez-le... C'est votre travail. Nous préférons enquêter. Qu'avez-vous donc trouvé?

– Il est mort de la même manière que le premier, celui de la rue Daguerre. Du très beau travail! Un objet très fin, long et très bien aiguisé en plein cœur. Pas une hésitation, pas un tremblement, rien. Cette fois encore mieux, sans une seule goutte de sang!

– Mais comment est-ce possible?

– C'est simple. L'objet étant très fin et très affûté, le meurtrier n'a besoin que d'un coup très bref. La personne est tuée sur le coup, mais la blessure pas assez grande pour laisser s'écouler le sang.

L'hémorragie est interne. C'est vraiment du travail de professionnel! A propos, nous avons retrouvé le même «tatouage» que sur le
mort de la rue Daguerre. Cela ressemble énormément à la tour
Montparnasse.

*Übung 36: Sind die folgenden Aussagen richtig? Markieren Sie mit
richtig* ✔ *oder falsch –!*

1. Nathalie lira le journal de madame Bergros au bureau.  ☐
2. La visite chez madame Bergros a ému Nathalie.  ☐
3. L'inspecteur et Nathalie ont déjà une idée de ce
   qui se trouve dans le journal de madame Bergros.  ☐
4. L'inspecteur ne veut pas voir le corps de la victime.  ☐
5. Le meurtrier n'a pas frappé sa victime au bon endroit.  ☐
6. La victime est morte après un long moment.  ☐
7. L'arme du crime est très fine, longue et trés bien aiguisée.  ☐

– L'«ombre sur la tour Montparnasse»… venez, Nathalie, allons
voir la tour Montparnasse. Peut-être y trouverons-nous une piste.»
Ils sortirent par le couloir. La nuit commençait déjà à tomber. Ils
étaient restés longtemps dans l'immeuble et ne s'étaient pas rendu
compte du temps qui passait.
Relevant le col de leur imperméable pour se protéger de la brise
glaciale, ils se dirigèrent vers le cimetière, le longèrent jusqu'à
l'entrée et ne purent s'empêcher d'y jeter un coup d'œil. En hiver,
le cimetière Montparnasse fermait ses portes plus tôt, si bien qu'ils
ne purent y entrer.
«Dommage!
– C'est vrai, moi aussi j'aurais bien jeté un coup d'œil dans ce
cimetière.»

**ÜBUNG 37**

*Übung 37: Finden Sie in diesem Gitternetz die sieben Begriffe zum Wetter!*

| N | P | L | U | C | E | B |
|---|---|---|---|---|---|---|
| U | A | M | N | R | L | R |
| A | M | U | E | A | S | O |
| G | G | L | A | C | E | U |
| E | N | E | I | H | P | I |
| S | O | L | E | I | L | L |
| M | A | O | L | N | U | L |
| P | G | A | E | C | I | A |
| H | E | X | Y | E | E | R |
| S | N | E | I | G | E | D |

_____    _____

_____    _____

_____    _____

_____

Ils marchaient à grands pas pour arriver plus vite à l'abri. Au grand carrefour, une fois qu'ils eurent passé la rue de la Gaîté à droite, il traversèrent pour arriver juste derrière la gare, devant «la cage aux lapins». Ils longèrent la gare et se retrouvèrent sur la petite place entre la gare et la tour. Comme souvent en hiver, une patinoire provisoire avait été installée sur une estrade. Les enfants et les jeunes du quartier s'en donnaient à cœur joie. Près de là, un manège animait la scène de sa musique et l'odeur des bonbons, des chocolats et des chouchous gagnait toute la place. L'inspecteur Cliquot se rappela soudain qu'il avait faim. Quelle histoire! Son premier meurtre à élucider et il n'arrivait pas à prendre un seul repas correct à une heure normale. Est-ce que ce serait le cas pour tous les meurtres? Il se tourna vers Nathalie.

«N'avez-vous pas faim?

– Si, évidemment. Le petit-déjeuner est bien loin déjà…

– Tenez, je vous invite pour une fois! Que désirez-vous? Des sucreries ou un hot-dog au stand derrière la patinoire?

– Ma foi, un hot-dog serait le bienvenu. Les bonbons ne nourrissent pas aussi bien.»

Il s'approcha du stand, commanda deux hot-dogs, les paya et en tendit un à Nathalie. Comme ils étaient tous deux curieux de ce qui les attendait dans la tour, ils ne s'attardèrent pas. Ils se dirigèrent vers la tour, leur hot-dog enveloppé dans une serviette. Ils essayaient de manger et de marcher à la fois, ce qui n'était pas si facile. Lorsqu'ils entrèrent dans la tour, tout semblait tranquille. Quelques touristes en sortaient, d'autres discutaient devant des affiches à droite et à gauche de la porte d'entrée. L'inspecteur Cliquot et Nathalie s'approchèrent de l'ascenseur.

*Übung 38: Übersetzen Sie und enträtseln Sie das Lösungswort!*

1. essen        □ _ _ _ _ _
2. Aufzug       □ _ _ _ _ _ _ _ _
3. Koffer       _ _ □ _ _ _
4. Hand         _ □ _ _
5. Befehl       _ _ □ _ _
6. Tourist      _ _ _ □ _ _ _
7. Pistole      _ _ _ _ □ _ _ _
8. Wurst        _ _ _ _ □ _ _ _
9. fallen       □ _ _ _ _

Lösung: _ _ _ _ _ _ _ _ _

Un groupe de touristes américains venait de rentrer et s'approchait de l'ascenseur. Une sonnette mélodieuse retentit. Les portes de l'ascenseur s'ouvrirent. Un homme de petite taille en sortit, une valise à la main, suivi de plusieurs personnes pressées. L'homme se mêla au groupe de touristes et laissa tomber sa valise. L'autre ascenseur s'ouvrit à son tour. Une femme en sortit et s'approcha de l'un des hommes pressés.

«Vous l'avez?»

L'inspecteur Cliquot vit la valise devant l'ascenseur. Il la prit, se retourna vers l'homme entraîné par le groupe. L'homme prit ses jambes à son cou. L'inspecteur le poursuivit.

«Votre valise! Monsieur, vous avez oublié votre valise!»

Il se rapprochait à grands pas du petit homme qui venait de passer la porte, toujours mêlé à la foule de touristes. Tout autour, des gens s'agitaient. Des hommes, des talkies-walkies à la main, lançaient des ordres.

**!**

**ÜBUNG 39**

*Übung 39: Lesen Sie weiter und ordnen Sie die Buchstaben in Klammern zu einem sinnvollen Wort!*

«Suivez-le, suivez-le! Mais enfin, ne le perdez pas de vue!»

Certains avaient sorti un (1. tpilseot) _____, la foule paniquait et partait dans tous les sens. L'inspecteur Cliquot courait toujours derrière le petit homme, la (2. seliav) _____ à la main et son hot-dog dans l'autre. Il passa à gauche du stand de

(3. csuasessi) _____, pendant que le petit homme passait à droite. Ils se rencontrèrent à l'autre bout du stand. Choc frontal! Ils tombèrent, la valise s'ouvrit, une (4. dmtueutil) _____ de sacs contenant une fine poudre blanche se répandirent par terre.

L'homme se releva, son (5. olsbnou) _____ beige était couvert de sauce rouge à cause du hot-dog. Il n'y fit pas attention et repartit en courant. Des camions de CRS entouraient la place. Les CRS avaient créé un (6. rdonco) _____ tout autour de la place. La femme arrivait à côté de l'inspecteur Cliquot. Elle parlait dans son talkie-walkie…

«Vous ne pouvez pas le manquer: il est petit, a un blouson beige et est couvert de ketchup!»

Elle se retourna vers Cliquot et lui tendit la main pour l'aider à se relever.
«Monsieur?
– Inspecteur Cliquot!
– Ah? Inspecteur, c'est le ciel qui vous envoie. Votre idée du hot-dog est géniale! Je la retiendrai. Sans vous, nous l'aurions perdu dans la foule des touristes. Quand je pense que cela fait des années que nous sommes sur ce coup-là: le plus grand trafiquant de drogue du monde! Nous avions enfin toutes les preuves pour le mettre pour toujours en prison et, sans vous, il se serait envolé! Merci, inspecteur, j'irai dire quelques mots en votre faveur au préfet. Il peut être heureux de vous avoir sous ses ordres!»

## ÜBUNG 40

*Übung 40: Sind diese Substantive männlich oder weiblich? Ordnen Sie mit bestimmtem Artikel zu!*

**(cadavre, examen, gaffe, interrogatoire, maladresse, chemise, blague, manège, blouson, guimauve)**

Männlich                          Weiblich

_____          _____

_____          _____

_____          _____

_____          _____

_____          _____

Alors que des hommes ramassaient la valise et son contenu sous les yeux ébahis des badauds, l'inspecteur Cliquot chercha à repérer Nathalie. Il l'aperçut à la porte de la tour, lui fit un signe de la main pour attirer son attention.

Il n'avait pas remarqué que la toile tendue au-dessus du stand tenait par deux ficelles et son large mouvement de la main entraîna au passage l'une de ces ficelles. Celle-ci sauta à la manière d'un élastique, emportant avec elle la toile qui retomba dans la grande casserole de sauce tomate que le vendeur de hot-dogs venait d'ouvrir pour assaisonner une saucisse. La casserole se renversa sur le gril qui tomba par terre. La foule recula rapidement de peur d'être brûlée par la braise. Dans l'affolement général, de nombreuses personnes étaient parties en courant en direction de la patinoire. Sur la glace, les glissades se répétaient, on se bousculait, tombait et glissait les uns sur les autres.

Les sirènes des ambulances résonnaient déjà. Heureusement, on apprit plus tard que personne n'avait été sérieusement blessé, quelques bleus mis à part. Cela n'empêcha nullement la presse de titrer le lendemain sur le plus beau carambolage de mémoire de patinoire parisienne et sur la responsabilité d'un inspecteur de police.

Tous ces événements avaient fatigué nos deux enquêteurs, si bien qu'ils décidèrent d'un commun accord de rentrer chez eux et de se retrouver le lendemain au bureau.

Nathalie avait attendu ce moment avec impatience, depuis que madame Bergros lui avait donné son journal. Elle s'était fait une bonne tisane, s'était allongée sur son lit, avait placé sous son dos quelques oreillers bien confortables et approché sa lampe de chevet. Elle se retrouvait dans le Montparnasse que lui avait décrit la petite dame.

*Übung 41: Lesen Sie die Definitionen und finden Sie die gesuchten Wörter!*

1. coussin que l'on met sous sa tête pour dormir

_____

2. boisson que l'on boit avant de dormir

_____

3. chanson douce que l'on chante aux enfants pour qu'ils s'endorment

_____

4. vêtement composé de deux pièces que l'on met pour dormir

_____

5. lampe qui se trouve à côté du lit

Son enfance dans ce lieu bouillonnant d'idées. Elle avait dû être une jolie jeune fille. Souvent, elle se faisait arrêter dans la rue par des peintres qui désiraient faire son portrait. Elle décrivait alors les différents ateliers qu'elle avait visités. Elle avait même été à la Ruche, toute petite.

Jeune fille d'une famille sans grands moyens mais très respectueuse des règles de la société, elle avait été obligée de travailler très tôt. Elle avait trouvé une bonne place au service de la famille d'un membre du gouvernement. Elle servait de bonne d'enfants. Elle aimait son travail. Elle aimait aller au parc et rencontrer d'autres bonnes d'enfants.

Puis, il y avait eu la seconde guerre mondiale et le rationnement qu'elle entraînait. La famille l'avait gardée et elle se sentait plus à l'abri que beaucoup d'autres. Mais à la fin de la guerre, plus rien n'était comme avant. Le personnel domestique n'était plus d'actualité et c'est avec regret qu'elle dut quitter les enfants qu'elle avait appris à apprécier.

Elle trouva vite un emploi de femme de ménage dans plusieurs familles de la bonne société. Par ses anciens patrons, elle avait de très bonnes références. C'est chez l'une de ces familles qu'elle rencontra son mari. Elle venait de terminer son travail, il apportait un paquet de la poste et s'apprêtait à sonner lorsqu'elle sortit. Ce fut le coup de foudre. Il se marièrent rapidement. A l'époque, il fallait faire vite. Le travail ne manquait pas. Il fallait remettre tout en état et les hommes vaillants étaient rares. Il dansait merveilleusement la java et ils passaient leur fins de semaine à aller d'un bal musette à l'autre et à danser.

*Übung 42: Beantworten Sie die Fragen zum Text!*

1. Quelles ont été les deux professions de madame Bergros?

2. Que faisait madame Bergros et son mari les fins de semaine?

3. Quand a-t-elle quitté la maison où elle travaillait comme bonne d'enfants?

4. Que lui ont fourni ses patrons lors de son départ?

5. Où les peintres faisaient-ils des portraits de madame Bergros?

Au début des années soixante, une petite fille vit le jour. Ils l'appelèrent Sylvie. Elle faisait la fierté de ses parents. Dans le quartier, les enfants jouaient tous ensemble. Tout autour, le rock and roll prenait la place de la java. Les jeunes circulaient en mobylette, avec les cheveux gominés et leur «banane», cette mèche qui se dressait artistiquement sur le front.

61

*Übung 43: Tragen Sie die Adjektive in Klammern mit den richtigen Endungen ein!*

Dans le quartier, des bandes s'étaient créées. Sylvie devenait de plus en plus (1. joli) _____. Elle était bonne élève, entra au lycée et ses parents entrevoyaient déjà un avenir plus (2. rose) _____ que le leur, de plus en plus (3. fier) _____ de leur fille. Ils l'avaient élevée de manière stricte, si bien qu'elle ne connaissait pas tellement les (4. autre) _____ enfants du quartier. Elle n'avait pas le droit de rester aussi longtemps dehors et jouer dans la rue n'était pas bien pour une fille. Elle passait des heures à lire et à écouter de la musique.

Une (5. nouveau) _____ famille s'était installée dans le quartier. On en parlait beaucoup au marché. La famille d'un industriel connu. Il avait acheté, dans un immeuble au coin de l'avenue du Maine, deux appartements l'un en face de l'autre. En fait, tout le dernier étage de cet immeuble ancien, avec de (6. grand) _____ fenêtres, d'où il voyait tout le quartier. Son fils aîné avait vite entrepris de faire la loi dans le quartier. Il se promenait dans la rue, toujours entouré des mêmes petits voyous: quatre enfants du quartier mal (7. élevé) _____, mais qui jusque-là n'avaient pas fait trop de mal.

Ce fils d'industriel avait inventé des lois. Il fallait passer des tests pour être accepté dans le voisinage. Les enfants du quartier devaient par exemple sauter par-dessus les gros bacs à fleurs qui avaient été placés un peu partout par la mairie pour «enjoliver le quartier». Ils étaient grands, en béton. Et souvent, les enfants se faisaient mal en retombant sur le bord. Mais lui, il riait à tue-tête. Cela l'amusait énormément. Tous ceux qui ne voulaient pas passer ces tests devaient s'attendre à des représailles. Il rançonnait les récalcitrants. Ses «adjoints», comme il les appelait, tapaient sur tous ceux et toutes celles qui osaient s'opposer à ses règles. Il avait établi des droits de douane. Quiconque voulait passer devait payer. Madame Bergros et son mari retenaient Sylvie de plus en plus chez elle. Elle ne devait pas sortir le soir. Les journaux rapportaient régulièrement des accidents de jeunes blessés par la bande. Madame Bergros voyait Sylvie, qui jadis avait un caractère jovial, se renfermer en elle-même, mais elle n'osait pas lui expliquer la raison de leur sévérité.

*Übung 44: Welche Bedeutung haben die folgenden Sätze? Kreuzen Sie an!*

1. Il rançonnait les habitants du quartier.
   a) ☐ Il agressait les habitants du quartier.
   b) ☐ Il insultait les habitants du quartier.
   c) ☐ Il exigeait de l'argent des habitants du quartier.

2. Sylvie se renfermait en elle-même.
   a) ☐ Sylvie se repliait dans le silence.
   b) ☐ Sylvie s'enfermait dans sa chambre.
   c) ☐ Sylvie devenait de plus en plus agressive.

3. Il exerçait des représailles sur les enfants du quartier.
   a) ☐ Il menaçait les enfants du quartier.
   b) ☐ Il se vengeait violemment des enfants du quartier.
   c) ☐ Il faisait des farces aux enfants du quartier.

La bande continuait à faire les quatre cents coups, terrorisant tout le quartier. Elle avait noté les prénoms des quatre «adjoints». Bertrand, Simon, René et Jean. Leur chef se faisait appeler «Ombre suprême». Dans son journal, madame Bergros le citait toujours en écrivant «Il», avec un «i» majuscule.

Un jour, sa fille, partie passer le bac, n'était pas encore rentrée du lycée. Madame Bergros reçut un appel de la poste. Son mari avait eu un accident, il s'était fait renverser par une voiture. On l'avait transporté à l'hôpital; on la priait de l'y rejoindre. Heureusement, le choc avait été plus grand que l'accident lui-même et, à son arrivée à l'hôpital, elle le trouva remis de ses émotions, un gros plâtre autour du bras et autour du pied, mais rien de vraiment grave. Il en était quitte pour plusieurs semaines de vacances forcées supplémentaires.

A leur retour à la maison, l'appartement était vide. Sylvie n'était toujours pas rentrée. Pourtant, il était déjà tard. Madame Bergros voulut téléphoner à la police, mais, au moment où elle prit l'écouteur, on sonna à la porte. Elle alla ouvrir. Un grand policier se présenta à elle.
«Madame Bergros?
– Oui. Savez-vous où est ma fille?
– Madame, pouvez-vous m'accompagner? Votre fille a eu un accident. C'est l'hôpital qui nous a demandé de vous chercher. Vous n'avez pas répondu au téléphone.
– Qu'est-ce qu'elle a? C'est grave?

– Je ne sais pas, je suis simplement chargé de l'enquête. On a retrouvé votre fille sans connaissance devant une sortie de la gare Montparnasse, à côté d'un bac à fleurs.»

Madame Bergros avait noté le dialogue dans son journal. Elle semblait vouloir l'imprimer pour toujours dans sa tête. Arrivée à l'hôpital des enfants malades, un médecin l'amena auprès de sa fille. Elle était dans le coma. Les radios avaient révélé qu'elle avait reçu un gros choc à la tête. Elle ne s'était pas blessée, mais un grand hématome s'était formé dans son cerveau. On ne pouvait rien faire, si ce n'était attendre et espérer que cet hématome se résorberait. Sinon… Sinon, il faudrait s'habituer à l'idée qu'elle ne serait plus jamais comme avant. En général, ces accidentés deviennent épileptiques ou léthargiques, selon l'endroit du cerveau où se trouve l'hématome.

*Übung 45: Vervollständigen Sie die Sätze mit **à** oder **de**!*

1. On m'a chargé _____ t'informer.

2. Je ne suis pas au courant _____ l'accident.

3. Il ne s'est jamais habitué _____ cette idée.

4. Je n'ai pas envie _____ venir.

5. Il m'a obligé _____ mentir.

6. Tu n'es pas obligé _____ lui obéir.

7. La bande continuait _____ faire les quatre cents coups.

«Quelle horreur!»
Nathalie n'avait pu empêcher ce cri du cœur. Elle essuya une larme de ses yeux et continua à lire. La jeune fille était devenue épileptique. Son père ne se remit jamais du choc qu'il avait eu à la nou-

velle de l'«accident». Il s'était renfermé en lui-même et était mort quelques années après le début de sa retraite. Sa fille avait bien trouvé du travail. Elle n'avait cependant jamais pu étudier et, ses absences étant de plus en plus fréquentes, elle avait préféré rentrer dans une institution spécialisée. Elle n'avait pas vécu longtemps non plus et était décédée il y a quelques années.

L'enquête avait conclu à l'accident. On avait vu le préfet de l'époque discuter avec l'industriel. Peu de temps après, l'industriel déménagea, avec toute sa famille. Son fils fut chargé de reprendre l'entreprise et fréquentait le beau monde. Les quatre «adjoints» avaient vite été oubliés. Ils n'avaient pas fait de grandes carrières et étaient restés dans le quartier. Vivotant chacun dans son coin. Madame Bergros avait loué un petit appartement dans sa maison natale, après la mort de son mari. Lorsque «Le Clair de Nuit» avait été vendu à René Grosjean, elle avait passé des nuits à faire des cauchemars et à revivre son passé. Mais ni le patron du café ni son ami Bertrand Sylvain d'ailleurs ne l'avaient jamais reconnue. Une vieille dame qui s'occupait de sa fille handicapée ne les intéressait pas. Elle avait fini par s'habituer à la présence de ces deux complices. Elle était persuadée que seul l'Autre était vraiment coupable.

*Übung 46: Finden Sie die fünf Fehler, die im folgenden Text versteckt sind! Korrigieren Sie sie!*

Nathalie se réveilla tot le lendemain. Elle voulait absolument vérifier ce qu'elle avait en tête. Lorsqu'elle ouvrat la porte du bureau, elle alla drois vers l'armoire à documants et s'empara du dossier «Montparnasse». Elle était encore plongé dedans lorsque l'inspecteur Cliquot entra.

«Bonjour Nathalie. Vous êtes bien matinale, aujourd'hui!

– Inspecteur, j'ai trouvé quelque chose qui va vous intéresser!»

Elle lui raconta ce qu'elle avait appris la veille en lisant le journal de la petite dame.

«Et bien, en voilà un bien triste destin… Je comprends maintenant pourquoi elle ne supportait pas d'entendre le mot «jeune». C'est quand même incroyable!

– Mais il y a mieux encore… Monsieur Sylvain et monsieur Grosjean sont les deux victimes de ces derniers jours. Tous les deux faisaient partie de la bande. Vous souvenez-vous de ce que le cuisinier nous a dit à propos du tableau? Une photo d'une ombre sur la tour Montparnasse. Et le chef de la bande se fait appeler «l'ombre suprême»…

– Le «tatouage» de la tour Montparnasse sur l'épaule des deux victimes! Il n'y a aucun doute. Le meurtrier se trouve parmi les victimes de la bande. Il nous faut donc rechercher tout d'abord les trois autres de la bande. Le fils de l'industriel…

– Je peux m'en occuper, il va certainement être facile de retrouver sa trace dans les registres de la mairie. Les archives, je connais!

– Voyez aussi si vous trouvez dans le journal des indications sur d'autres victimes de cette bande. Avez-vous une idée de ce que font les deux autres? Comment s'appellent-ils déjà?

– Simon et Jean.

**ÜBUNG 47**

*Übung 47: Welche Gegenteile gehören zusammen? Setzen Sie die richtige Ziffer ein!*

| | |
|---|---|
| 1. tôt | ☐ vivant |
| 2. jour | ☐ monter |
| 3. descendre | ☐ premier |
| 4. mort | ☐ tard |
| 5. dernier | ☐ nuit |

– D'après le journal de madame Bergros, le père de Jean devait être boucher dans la rue Daguerre. Il essayait de remettre son fils sur le droit chemin à force de claques et d'interdictions de sortir. Il aurait repris la boucherie de son père, mais sans grand succès. Personne ne voulait rien acheter chez lui, si bien qu'il finit par vendre sa boucherie pour s'installer ailleurs.

– Je vais aller voir le boucher de la rue Daguerre. Avec un peu de chance, il se souviendra du nom de la personne à qui il a acheté la boucherie. Si c'est encore lui.

– Quant à ce Simon, il semble s'être engagé dans l'armée. En tout cas, il n'a plus jamais remis les pieds dans le quartier. Mais là aussi, je peux vérifier. Des Simon qui s'engagent en 1972 dans l'armée et qui habitent à Montparnasse, il ne doit pas y en avoir des tas!

– Bien, Nathalie, vous vous chargez de retrouver le fils de l'industriel et ce Simon. Je m'occupe, quant à moi, du boucher, Jean, et vais faire une enquête de quartier pour trouver d'autres victimes de cette bande.

– Vous ne croyez pas, tout de même…?

– Mais non! Voyons, Nathalie! Pouvez-vous vraiment imaginer la petite madame Bergros enfoncer d'une main sûre une longue aiguille dans le cœur de ses victimes? Elle aurait tremblé, c'est certain! Allons, nous avons encore du pain sur la planche! Au travail!

Ah, et encore une chose, Nathalie!
– Oui, inspecteur?
– Je suis bien content de vous avoir comme assistante. Bravo!
– Oh! Merci, inspecteur!»

*Übung 48: Sind die folgenden Aussagen richtig? Markieren Sie mit richtig ✔ oder falsch –!*

1. Jean a vendu sa boucherie, car il n'aimait pas le métier de boucher.
2. L'inspecteur pense que madame Bergros peut être coupable.
3. Nathalie pense que peu de Simon venant de Montparnasse se sont engagés dans l'armée en 1972.
4. L'inspecteur pense que le meurtrier est un des membres de la bande de Montparnasse.
5. Le père de Jean voulait que son fils devienne quelqu'un de bien.

Elle rougit, prit vite le journal et s'approcha de la porte le plus vite possible, à la fois flattée et intimidée.
Elle trébucha au moment de passer la porte et faillit s'étaler par terre. Mais l'inspecteur Cliquot l'avait rattrapée par le bras. Elle se retourna vers lui. Il était visiblement amusé. Et c'est avec un éclat de rire qu'ils se séparèrent pour vaquer à leur enquête respective.

L'inspecteur Cliquot décida de commencer par la boucherie. Elle était semblable à de nombreuses boucheries du quartier. Les murs recouverts de carreaux en céramique blanche, la caisse en face, tenue par la femme de la maison, une femme opulente aux cheveux roux foncés, réunis en queue de cheval. Ses doigts étaient couverts de bagues et un gros collier doré pendait sur sa gorge au décolleté en pointe. Elle parlait fort, demandait des nouvelles de chaque client qui venait payer et ponctuait toutes ses phrases d'un «n'est-ce pas, ma petite dame?» bien haut et fort. Le boucher allait et venait derrière son comptoir garni de viandes de toutes sortes, entourées de branches de persil et de petits chapeaux de cuisinier en papier. Il coupait, tranchait, hachait avec une dextérité assez extraordinaire.

## Übung 49: Übersetzen Sie die Wörter und enträtseln Sie das Lösungswort!

1. Aufgabe     _ _ □ _ _
2. hoch     □ _ _ _
3. Fleisch     _ □ _ _ _ _
4. Mauer     _ _ □
5. Metzger     _ _ □ _ _ _ _
6. Theke     _ _ _ _ _ _ □
7. Finger     _ _ _ □ _
8. Schnelligkeit     _ _ _ □ _
9. Frage     _ _ □ _
10. Kunde     _ _ _ □ _
11. weiß     _ _ _ □ _
12. Petersilie     _ □ _ _ _ _

Lösung: _ _ _ _ _ _ _ _ _ _ _

L'inspecteur Cliquot observait tous ses gestes, épaté par leur rapidité et par le fait qu'il ne se coupait pas une seule fois. Il était si concentré qu'il sursauta, lorsque le boucher s'adressa à lui pour lui demander:

«Et pour Monsieur?

– Euh… A vrai dire, je ne viens pas pour acheter de la viande.

– Pour les cigarettes, vous vous êtes trompé! Quant à ma bavette, si vous l'aviez goûtée, vous ne pourriez plus vous en passer, je vous le jure!

– Inspecteur Cliquot, de la police judiciaire parisienne. Je viens à propos des meurtres. J'ai quelques questions à vous poser.

– Oh! Pardonnez-moi, inspecteur! Je ne pouvais pas savoir… Germaine! Remplace-moi un instant, s'il te plaît.»

Il se tourna vers l'inspecteur.

«Suivez-moi, inspecteur. Nous serons mieux dans l'arrière-boutique.»

Ce que le boucher appelait son arrière-boutique était une petite salle avec une table et deux chaises au milieu. Plusieurs coffres réfrigérants de très grande taille étaient encastrés dans le mur. Sur chaque porte, une petite fenêtre permettait d'en apercevoir le contenu. L'inspecteur Cliquot devinait les bœufs, les moutons, les porcs accrochés à de grands crochets en S, par moitiés. Le tout était d'une très grande propreté et très froid. Ce boucher ne rigolait pas avec la qualité de son entrepôt. Sur chaque armoire réfrigérante, un thermomètre indiquait la température.

*Übung 50: Finden Sie die richtige Antwort! Kreuzen Sie an!*

1. Que faut-il pour conserver la viande ?

    a) ☐ un four

    b) ☐ une armoire réfrigérante

    c) ☐ un radiateur

2. Quelle est la spécialité de cette boucherie ?
   a) ☐ le rôti de porc
   b) ☐ la rouelle de veau
   c) ☐ la bavette

3. Avec quoi sont accrochés les moitiés de bœufs?
   a) ☐ des agrafes
   b) ☐ des crochets en S
   c) ☐ des harpons

4. Comment le boucher vérifie-t-il la température de stockage?
   a) ☐ en entrant dans l'armoire
   b) ☐ en faisant un test
   c) ☐ en lisant la température sur le thermomètre

Le boucher proposa à Cliquot de s'asseoir.
«Que puis-je faire pour vous, inspecteur?
– Voilà, monsieur…?
– Petit. Claude Petit.
– J'ai appris que cette boucherie avait appartenu à un certain «Jean», dont nous ne connaissons pas encore le nom de famille.

**!** *Übung 51: Bringen Sie die Satzteile in Klammern wieder in die richtige Reihenfolge!*

Il se peut que ce Jean, qui avait hérité de la boucherie de son père, il y a une vingtaine d'années, (1. à ait chose quelque voir) _____ avec les deux meurtres de ces derniers jours. Pouvez-vous me dire quel était son nom de famille?

Savez-vous peut-être où il s'est installé?

– (2. ce cela n'est que si) _____, pas de problème, inspecteur! Vous savez, nous nous connaissons tous plus ou moins, entre bouchers. Nous avons à peu près les mêmes sources et nous nous retrouvons souvent aux mêmes endroits. Il s'appelle Jean Séverin. J'ai (3. en gardé mémoire nom son) _____, car j'avais été surpris à l'époque qu'il veuille se débarrasser d'une boucherie si bien située. Rue Daguerre! Vous vous rendez compte! Cela vaut de l'or, un tel emplacement! Mais lui, il voulait vendre (4. possible plus vite le) _____ et partir. Je n'ai jamais compris pourquoi. Il a bien dit qu'il n'avait aucune clientèle, mais je ne l'ai pas cru. Comment est-ce possible ici? Je (5. clientèle manqué ai de jamais n'en) _____, moi! Bref, il m'a vendu le tout pour un prix défiant toute concurrence. Vous pensez bien! Je (6. pu n'aurais acheter jamais) _____ _____un truc pareil, sinon…

– Et vous savez ce qu'il est devenu?
– Je l'ai revu tout à fait par hasard, il y a peu, au marché de Rungis. Il travaille pour une grande chaîne de boucheries-charcuteries, à Rungis. Il avait l'air d'aller bien. Mais je n'ai pas vraiment eu l'impression qu'il était heureux de me voir. A propos, c'était exactement il y a une semaine. Donc, il devrait y être aujourd'hui. Allez dans le secteur boucherie, juste après la porte de Thiais, tournez à gauche, dans la rue des Déchargeurs , continuez tout droit. Au bout

de la rue, vous rentrez dans la rue du Charolais. C'est là qu'il travaille. Vous ne pouvez pas le manquer, il se balade entre les bœufs.
– Merci pour vos renseignements précieux et bonne journée!
– Attendez, inspecteur! Je vous l'ai dit, ma bavette, c'est la meilleure… Permettez-moi de vous en offrir une pour vous le prouver…»
L'inspecteur sortit de la boucherie, sa bavette emballée dans un papier. Il se demandait s'il ne préférait pas tout d'abord passer par chez lui, avant de continuer sur Rungis. Après tout, il avait bien besoin de reprendre des forces.
Il traversa la partie piétonnière de la rue Daguerre et son marché et s'approcha de l'étal des légumes. Il avait besoin d'oignons avec la bavette. Une bonne sauce au vin blanc et aux oignons, voilà exactement ce qu'il fallait! Voyons, il avait besoin de beurre pour faire revenir les oignons tout doucement, de vin blanc pour «arroser» la sauce, une fois que les oignons seraient légèrement dorés et bien tendres. Un peu de sel, de poivre et le tour était joué! Avec cela, une bonne salade verte… Il s'en léchait déjà les babines…

**!**

**ÜBUNG 52**

*Übung 52: Übersetzen Sie die Wörter in Klammern!*

Deux dames (1. mittleren Alters) _____

discutaient devant les tomates.

«Non, mais franchement, quelle époque! Deux hommes tués en

deux jours! (2. Nichts mehr ist sicher) _____

aujourd'hui…

– Oh, vous savez! (3. Es ist kein großer Verlust) _____

_____! On voit bien que vous n'êtes pas du quartier,

madame! (4. Wenn Sie bloß wüssten) _____!

– J'habite ici depuis dix ans et je me sens bien dans ce quartier! Je suis sûre (5. dass Sie mir helfen werden zu verstehen) _____… Qu'y a-t-il? Pourquoi ne l'ont-ils pas volé?

– Ces deux larrons faisaient partie, (6. in ihrer Jugend) _____ _____, d'une bande de voyous qui a mis la pagaille dans le quartier et y a fait régner la terreur.


– Non!?
– Si!
– Mais comment ont-ils fait?
– Oh, ils ne manquaient pas d'idées… Le fils de ma voisine devait entrer à l'ENA. Elle en était toute fière. Ils l'ont tellement embêté et poursuivi qu'il n'arrivait plus à se concentrer. Il avait tout pour réussir. Jusque-là, aucun examen n'avait été assez difficile pour lui. C'est le seul qu'il a raté et tout son avenir, il l'avait fondé là-dessus. Mais impossible d'apprendre avec tous les tourments qu'ils lui causaient. Il a juré ses grands dieux qu'il leur ferait payer un jour.
– Incroyable!
– Et ce n'est pas tout!
– Comment cela?
– Figurez-vous que la fille du boulanger, vous savez, celui qui est juste en face, là…
– Ah! Celui qui fait de si bonnes chocolatines!
– Oui, exactement. Et bien sa fille devait se marier avec un riche Hollandais. Elle se préparait au mariage, toute la famille en parlait.

Chacun voulait voir le fiancé, mais elle avait préféré se marier en Hollande. Elle avait raison, si vous voulez mon avis. Au moment où elle devait partir pour la cérémonie, ils l'ont empêché d'arriver à l'heure à son avion. Elle était infirmière. Elle n'avait pu se libérer qu'au dernier moment. La famille de son fiancé, qui l'attendait à l'aéroport pour partir directement à l'église, ne lui a jamais pardonné cet affront. Les parents ont interdit à leur fils de revoir une fille sur laquelle il ne pouvait pas compter et ont annulé les fiançailles. Elle ne s'est jamais mariée et est partie en Afrique aider la Croix-Rouge. Son père avait juré lui aussi qu'un jour, «il aurait la peau de ses gredins».

– Mais, c'est ignoble! Ces garnements!

*Übung 53: Beantworten Sie die Fragen zum Text!*
*Kreuzen Sie die richtige Lösung an!*

1. Qu'est-ce que l'ENA?
   a) ☐ l'Ecole Nationale d'Administration
   b) ☐ l'Edifice National de l'Armée
   c) ☐ l'Ecole Normale des Arts

2. Que sont des tourments?
   a) ☐ des bonbons
   b) ☐ des tracasseries
   c) ☐ des histoires

3. Que veut dire l'expression «jurer ses grands dieux»?
   a) ☐ appeler les dieux
   b) ☐ promettre
   c) ☐ s'en prendre aux dieux

4. Que veut dire «avoir la peau de quelqu'un»?

a) ☐ avoir le même type de peau

b) ☐ taper sur quelqu'un

c) ☐ tuer quelqu'un


5. Qu'est-ce qu'un gredin?

a) ☐ l'arbre à grenadine

b) ☐ un bandit

c) ☐ un gentil garçon


– Et ce n'est pas tout! Si vous saviez…

– Non! Vous n'allez pas vous arrêter là. Je veux tout savoir, vous en avez trop dit… Par pitié!

– Bien, mais faites attention, ils étaient cinq et deux d'entre eux ne sont jamais revenus dans le quartier, alors n'en parlez pas devant tout le monde. On ne sait jamais!

– C'est promis! Je ne le répéterai à personne. Si j'ai le moindre doute, je viendrai vous voir. D'ailleurs, pour vous remercier de me mettre en garde, je vous inviterais volontiers à prendre une tasse de thé à la maison.

– Avec plaisir! Il vaudrait mieux continuer notre conversation chez vous, j'ai l'impression qu'on nous écoute.»

Elle regarda furtivement l'inspecteur Cliquot qui s'était rapproché.

«Et pour la petite dame, qu'est-ce que ce sera?

– Un poireau, deux carottes, une livre d'oignons et trois tomates, une branche de céleri, un navet et un bouquet de persil, s'il vous plaît!

– Mmmmhhh, une bonne soupe de légumes pour ce soir, n'est-ce pas?

– Décidément, on ne peut rien vous cacher!

– Il n'empêche, je suis sûr que votre soupe de légumes est bien meilleure que la mienne, ma petite dame!

– Voyons, grand flatteur!»

*Übung 54: Unterstreichen Sie die fünf nicht dazugehörigen Sätze!*

Elle s'apprêtait à payer. L'inspecteur Cliquot s'approcha d'elle.

«Permettez, madame. Inspecteur Cliquot de la police judiciaire parisienne. Qu'est-ce que Nathalie aurait pu dire ou ajouter? Je suis chargé de l'enquête sur les deux meurtres. Je n'ai pu m'empêcher d'écouter votre conversation et aurais quelques questions à vous poser. Vous semblez bien connaître ces deux hommes et l'histoire du quartier. Il pleuvait des cordes. Or, nous sommes actuellement à la recherche d'éventuels ennemis de ces deux personnes.»

La dame regarda l'inspecteur Cliquot d'un air inquisiteur.

«Et vous pouvez certainement le prouver.

– Prouver quoi? Nathalie secouait la tête.

– Votre fonction d'inspecteur, en me montrant votre carte! De nos jours, on ne sait jamais. N'importe qui peut dire n'importe quoi!»

L'autre dame la regardait d'un air admiratif. Les enfants aiment le chocolat.

«Vous avez raison! Il ne faut surtout pas se laisser faire. Qu'est-ce qui nous prouve que c'est vraiment un inspecteur?

– Tenez, voici ma carte.» Cliquot se lavait les mains.

La dame examina la carte sous toutes les coutures.

«Bien, c'est une vraie. Mais je ne préfère pas parler de tout cela ici.

– Permettez, j'habite juste au coin! Venez donc chez moi, je nous ferai une bonne tasse de thé!» s'écria sa voisine.

– Eh bien, allons-y!

– Pardonnez-moi, ma petite dame, mais vous n'avez pas encore payé!

– Oh, pardon! Avec tout ça, j'ai failli oublier! Combien vous dois-je?

– Quatre euros cinquante.

– En voici cinq.

– Et cinquante centimes en retour. Merci, ma petite dame! Bonne journée!»

Les deux dames emmenèrent l'inspecteur dans un immeuble qui faisait le coin entre la rue Daguerre et la place Denfert-Rochereau, juste au-dessus de la pharmacie.

*Übung 55: Plus-que-parfait oder Imparfait? Setzen Sie die Verben in der richtigen Form ein!*

Celle qui (1. habiter) _____ depuis longtemps dans le quartier (2. s'appeler) _____ Martine Carré, la deuxième Anne Delon. Madame Delon (3. entraîner) _____ ses hôtes dans son salon, autour d'une table basse. Elle apportait des tasses et allait faire bouillir l'eau du thé, allant constamment du salon à la cuisine et de la cuisine au salon. Elle ne (4. vouloir) _____ pas manquer une seule parole de la conversation.

«Me permettrez-vous de boire mon thé dans un bol?

– Si vous voulez. C'est vraiment très spécial, mais pourquoi pas? Je vous en apporte un tout de suite!

– Madame Carré, je suppose que vous connaissez très bien le quartier et ses habitants.

– Oh oui! Je fais partie des anciennes. De celles que l'on ne déloge pas si facilement!»

Elle (5. tenir) _____ sa tête bien haute, toute fière de sa position. Son regard (6. laisser) _____ percevoir une grande curiosité.

**ÜBUNG 55 !**

«Avez-vous une idée, inspecteur, de qui a bien pu faire le coup?

– Madame, je suis là pour l'élucider avec vous!

– Inspecteur, je vous écoute! Je vous aiderai avec plaisir. Puisque la justice a besoin de mon aide...

– Voilà, vous avez commencé tout à l'heure, devant les tomates, à citer quelques cas qui nous intéressent. Nous sommes certains que le meurtrier a un rapport avec le passé des deux hommes. Tout porte à croire qu'ils se sont fait de nombreux ennemis dans leur jeunesse. Probablement même des ennemis qui souhaitent leur mort...

Pourriez-vous me donner l'adresse et le nom de ce jeune homme qui a raté son examen et de cette jeune fille qui n'a pas pu épouser son riche fiancé hollandais? Je vous en serais très reconnaissant, madame.

– Bien sûr! Le jeune homme, c'était le fils de mes voisins. Je ne sais pas ce qu'ils sont devenus, mais je peux vous donner leur nom. C'était la famille Breton. Le fils s'appelait Xavier, si mes souvenirs sont bons. Il a parlé, à l'époque, de s'engager dans la police. Il n'avait qu'une idée: empêcher d'une manière ou d'une autre de tels garnements de continuer à sévir. Je ne sais pas s'il l'a vraiment fait, mais il était hors de lui, c'est sûr.

D'ailleurs, j'ai bien l'impression que c'est à cause de lui que la famille a déménagé. J'ai surpris une conversation entre ses parents, une fois. Leur porte était mal fermée et je ne pouvais pas ne pas entendre. Comme vous, tout à l'heure, inspecteur! Et bien, ils parlaient de la haine que leur fils ressentait pour ceux qui l'avaient empêché de réviser. Ils avaient même peur qu'ils n'en viennent aux mains. Ils étaient désolés de l'impuissance de la police, mais voulaient empêcher leur fils de gâcher son avenir pour une histoire de vengeance.

C'est là qu'ils ont décidé de déménager.

*Übung 56: Bringen Sie die Buchstaben in die richtige Reihenfolge!*

1. btharei _____

2. irfinmèrei _____

3. ipouare _____

4. yesasre _____

5. ieamri _____

6. uovsnriees _____

7. sicuireni _____

8. pleuéa _____

Ses parents étaient désolés, car, jusqu'à présent, ce jeune homme avait toujours été tranquille et gentil. Ils avaient peur de le voir se transformer en monstre. Oui, inspecteur, ce sont leurs mots: en monstre!

– Et vous ne savez pas dans quel quartier ils se sont installés?

– Non. Ils n'ont voulu le dire à personne. Ils voulaient tirer un trait sur ce passé, ne plus y penser. Ils s'en voulaient déjà beaucoup trop de ne pas avoir déménagé au moment où tout avait commencé. Quand il en était encore temps. Ils se le reprochaient constamment. Ils n'arrêtaient pas de soupirer: «si j'avais su»! Mais vous savez, c'est toujours plus facile de savoir ce qu'il faut faire après la bataille!

– Bien sûr. Et la jeune fille au mariage raté?

– Elle, on ne la voit que très irrégulièrement. Elle voyage énormément. Tantôt en Afrique, tantôt en Inde... On ne sait jamais très bien où elle est. Plus question de mari, ni d'homme dans sa vie. Du moins, pas à ma connaissance. Elle a l'air de bien faire son travail. Elle est très appréciée, paraît-il. Dans tous les endroits où elle aide.

On dit même qu'on lui aurait proposé de succéder à la petite mère des pauvres. A Mère Teresa.

**Übung 57: Lesen Sie weiter und übersetzen Sie die Wörter in Klammern!**

– Donc, finalement, cela l'a plutôt aidé, non?

– Ma foi, elle probablement. Je ne crois pas, à la voir courir le monde aujourd'hui, qu'elle serait (1. glücklich) _____ mariée et au foyer. Mais allez dire cela à son père! Lui, il la voyait déjà riche. Il s'imaginait déjà prendre sa (2. Rente) _____ en Hollande. Il n'avait aucune envie de rester boulanger toute sa vie. Le père du (3. Verlobter) _____ à l'époque avait une fabrique de moteurs pour avions qui marchait très bien. Le boulanger espérait obtenir un poste dans l'entreprise, qui serait bientôt celle de son «futur beau-fils». Il aurait été (4. verantwortlich) _____ de toute la cantine de cette grande usine. Pour lui, sans aucun doute, une promotion. Il se voyait déjà à la tête d'une grande cuisine, en train de donner des (5. Befehle) _____ à toute une troupe de marmitons... Il ne l'a jamais oublié. Il en parle encore. Tenez, allez dans sa (6. Bäckerei) _____! Et parlez-lui de la Hollande. Vous verrez! On dirait que le temps s'est arrêté pour lui...

– Y a-t-il eu d'autres cas? Connaissez-vous d'autres personnes susceptibles de (7. hassen) _____ ces hommes?

– Oh oui! Ce n'était pas ce qu'il manquait! Il y a eu ce jeune peintre, par exemple. Il avait tout pour être heureux. Une jolie femme, une enfant adorable et intelligente et un grand avenir devant lui. C'était *la* découverte du siècle. Tous les critiques ne parlaient que de lui. Il accéda rapidement à la renommée. Ses expositions étaient les plus courues de tout Paris. Les amateurs d'art s'arrachaient ses toiles à des prix exorbitants! Un jour où il passait devant eux, ils l'ont obligé à payer «la douane», comme ils disaient. Il n'a pas voulu. Pour lui, ils étaient de mauvais garnements auxquels il ne fallait pas faire attention. Ils lui ont couru après, ils voulaient le frapper. Il a couru, couru, il a traversé la rue sans regarder. Un bus est arrivé. Il n'a pas pu s'arrêter. Il n'est pas mort, mais sa main est restée à jamais paralysée. Il n'a plus jamais pu prendre un pinceau en main. Comme il n'avait pas pris d'assurance, il est vite tombé dans l'oubli et dans la misère. Il a déménagé avec sa femme et sa fille. Mais il ne l'a pas supporté, et, un jour, alors qu'il se trouvait sur les bords de la Seine, il s'est jeté dedans. Il s'appelait Gustave Baron. Sa femme habite à présent dans un petit appartement au-dessus de la gare. Je l'ai vue par hasard, il y a peu, rentrer avec un panier de commissions. Elle semble ne pas s'en être remise: qu'est-ce qu'elle est maigre!

*Übung 58: Ergänzen Sie und bilden Sie Wendungen, die bereits im Text vorgekommen sind!*

1. avoir _____ pour être heureux

2. _____ à la renommée

3. Quelque chose est le plus _____ de tout Paris.

4. Plusieurs passionnés s'_____ une chose.

5. acheter quelque chose à un _____ exorbitant

6. _____ dans l'oubli

7. se _____ d'un événement

– Vous pensez au grand immeuble en verre qui surplombe la gare?

– Oui, celui-là, exactement!

– Vous savez ce que fait sa femme aujourd'hui?

– Elle a l'air plutôt malade. Si vous voulez mon avis, elle n'a certaine-ment pas la force de tuer deux gros bons hommes de cet acabit.

– On ne sait jamais, j'irai la voir, elle aussi. En avez-vous encore d'autres?

– Oui. Il y a encore le cas de la petite Sylvie Bergros. La pauvre…

– Ce cas-là, je le connais déjà en détail. D'autres encore?

– Oh! Il y a bien eu tous les autres petits «bobos». De nombreux enfants blessés, mais rien de très grave. Des jeunes filles qui ne voulaient plus sortir seules. En fait, ils étaient surtout plus bêtes que méchants. Ils s'amusaient à jouer les gros durs, mais ne savaient pas ce qu'ils faisaient. Ils ne voyaient pas les conséquences de leurs actes.

Et lorsque tout cela allait trop loin, ils étaient les premiers à le regretter. Mais ils ne savaient plus comment se sortir d'affaire. Ils ont eu de la chance, à chaque fois, il a été impossible de prouver qu'ils y étaient pour quelque chose. Finalement, le fils de l'indus-triel est parti et les autres se sont calmés.

– Et vous? Vous n'aviez pas peur?

– Moi? Peur d'enfants et d'adolescents? Non! Ce n'est pas mon genre. J'en ai attrapé un une fois et lui ai donné une bonne raclée. Depuis, ils me respectaient tous. Je n'ai jamais eu de problèmes avec eux. Puisque je vous le dis... Ils n'étaient pas vraiment méchants! Simplement bêtes! Et cela a tourné mal à plusieurs reprises. Dans le quartier, tout le monde les détestait, mais personne n'osait dire quoi

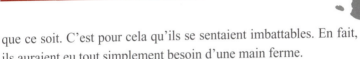

que ce soit. C'est pour cela qu'ils se sentaient imbattables. En fait, ils auraient eu tout simplement besoin d'une main ferme.
– Merci, madame, pour vos renseignements utiles. Je vais pouvoir élargir mon champ de recherches.
– Vous ne croyez tout de même pas que quelqu'un du quartier les a tués? A cause de ces accidents? On aurait un meurtrier parmi nous! Je me demande bien qui cela peut être...»
L'inspecteur Cliquot laissa madame Carré à ses réflexions. Il remercia madame Delon de son hospitalité et prit congé.

Un cas vraiment bizarre. Un quartier qui a tout pour qu'on y mène une petite vie tranquille. Quelques enfants mal élevés suffisent à semer la terreur. En fait, il aurait suffi de leur donner de meilleures occupations. Et tant de vies bouleversées par ces garnements! La vie réserve bien des surprises, parfois. Que se serait-il passé, par exemple, si personne ne les avait pris au sérieux?

Pendant que l'inspecteur Cliquot laissait son esprit errer librement, Nathalie en était arrivée à des choses concrètes. Il ne lui avait pas fallu longtemps pour retrouver la trace de l'industriel. Elle était allée consulter le registre du commerce et avait étudié à la loupe tous les changements d'adresse des chefs d'entreprise de la région parisienne dans les années soixante à quatre-vingt.

*Übung 59: Tragen Sie die richtige Endung der Partizipien ein!*

Un grand industriel de la région parisienne s'était (1.) install___ à Montparnasse dans les années soixante et en était (2.) part___ en 1974. Il était depuis longtemps à la retraite et avait (3.) laiss___ l'entreprise à son fils. L'histoire de l'entreprise était exemplaire. Le grand-père l'avait (4.) fond___ au début du XXe siècle. Il avait toujours été fasciné par les jouets et s'était (5.) spécialis___ dans les jouets à mouvements mécaniques. Il eut un grand succès jusqu'en 1914. Pendant la guerre, ses ateliers avaient été (6.) réquisitionn___ pour la réparation de matériel militaire et des bus parisiens qui transportaient les troupes et les malades entre l'arrière et le front.

Entre les deux guerres, son expérience acquise dans la réparation des moteurs de bus lui donna une idée: il se mit à construire des maquettes de bus, puis de voitures, de bateaux, de trains.
A partir des années cinquante, les découvertes et le perfectionnement atteint dans l'industrie du plastique lui permirent de réaliser des maquettes de plus en plus proches de l'original. Dans le monde entier, la marque RACA - du nom de son fondateur, Raymond Carmin - était devenue célèbre.
Bien sûr, les usines n'étaient plus dans l'enceinte de Paris. Mais les bureaux étaient restés proches de la ville. La valeur de l'entreprise était depuis longtemps très bien cotée en bourse et s'était installée à la Défense, dès que les premiers bureaux y avaient été construits. Nathalie avait noté l'adresse et le nom: Raymond Carmin junior. «En voilà encore qui n'ont pas beaucoup d'idées pour les prénoms. S'appeler Raymond de père en fils pendant trois générations, cela devait être pratique, tiens! Je vois le tableau: la mère crie «Raymond!» et trois personnes répondent... Quelle idée!» Nathalie n'en revenait toujours pas et secouait encore la tête en riant intérieurement pendant qu'elle se rendait à l'État-Major, boulevard Saint-Germain.

Elle avait été déçue en apprenant l'adresse de l'État-Major. Elle aurait nettement préféré les Invalides, comme cela, elle aurait pu visiter le musée de l'armée. Elle n'y était encore jamais allée. Pourtant, son grand-père lui avait raconté que les batailles de Napoléon étaient reconstituées avec tellement de détails que l'on pouvait reconnaître ses soldats et leur donner des noms! Il avait certainement exagéré. Mais cela l'avait rendue curieuse.

Elle passa le premier barrage. Un soldat lui demanda d'attendre quelques instants. Il dit quelques mots au téléphone et un officier vint la chercher.

*Übung 60: Sind diese Aussagen richtig? Markieren Sie mit richtig ✓ oder falsch – !*

1. Les usines RACA sont encore à Paris. ☐
2. Le logo RACA provient du nom du fondateur de l'entreprise. ☐
3. L'État-Major est aux Invalides. ☐
4. Les Invalides sont un musée. ☐
5. Nathalie veut aller aux Invalides. ☐
6. Elle n'a encore jamais été au musée de l' armée. ☐
7. Le soldat a le grade d'officier. ☐

«Capitaine Delanoë, bonjour mademoiselle. Vous recherchez une personne, n'est-ce-pas?

– Oui. Je suis Nathalie Claudel, assistante de l'inspecteur Cliquot de la police judiciaire de Paris. Nous avons deux crimes à élucider et tout semble indiquer qu'un certain Simon pourrait être une prochaine victime du meurtrier.

Il a passé son enfance à Montparnasse et faisait partie d'une sorte de bande de gamins mal élevés qui s'amusaient à faire les quatre cents coups dans le quartier. Certaines de ces bêtises ont très mal tourné et deux de ses acolytes ont déjà passé l'arme à gauche. Tous deux tués de la même manière. L'assassin leur a laissé une sorte de «tatouage» finement gravé sur l'épaule. Une représentation de la tour Montparnasse. Or, d'après ce que nous savons, ils s'étaient appelés l'«ombre sur la tour Montparnasse».

Nous sommes à la recherche des trois autres. Nous pensons trouver le meurtrier grâce au récit de leurs «aventures», si l'on peut appeler ça ainsi.

– Je vois. Mais des Simon, nous en avons certainement beaucoup! Comment pensez-vous le retrouver?

– Je suis archiviste de métier. Vous me rendriez grand service en me montrant les archives des années 1971 à 1975 pour commencer. Vous avez certainement dû enregistrer les nouvelles recrues de cette époque. Il me semble logique que les adresses soient exigées au moment de l'inscription.

Or, je ne pense pas qu'il y ait beaucoup de Simon venant de Montparnasse à cette époque. Le prénom était déjà démodé dans les années soixante-dix.

– Vous avez raison. Venez dans mon bureau. Nous n'avons plus d'archives, au sens propre du terme, depuis environ dix ans. Tout se fait par informatique. Les grandes salles remplies de classeurs poussiéreux ont été remplacées par des bureaux. Un ordinateur par personne, on vous donne un mot de passe en fonction de votre grade. C'est lui qui vous permet alors de consulter certains dossiers ou d'en créer d'autres. Question d'efficacité. C'est vrai que cela va plus vite. Mais, parfois, je préfèrerais de loin aller demander aux archives. Rien ne remplace le contact humain. Surtout si toutes les archivistes sont comme vous!

– Oh, capitaine!»

*Übung 61: Finden Sie das passende Adverb zu jedem Adjektiv!*

Nathalie rougit. Elle remit ses lunettes en place. Elle n'en avait pas besoin, mais cela lui donnait un peu de contenance. Elle se concentra sur l'ordinateur et essaya de ne plus regarder le capitaine. Ce n'était pas si (1.) facile (_____) que cela. Elle le trouvait très charmant et il avait beaucoup de prestance. Elle devinait chez lui un caractère (2.) fort (_____) et (3.) juste (_____). Son regard (4.) franc (_____) et (5.) doux (_____) à la fois lui inspirait une très grande confiance. Elle essayait toutefois de ne regarder que l'écran de l'ordinateur.

Le capitaine venait d'entrer son mot de passe. Il naviguait au milieu de ces différentes pages innombrables avec une rapidité qu'elle admirait.

«Voilà! J'ai ici la liste de toutes les (6.) nouvelles (_____) recrues de 1970 à 1975. Voyons donc, si j'entre comme prénom «Simon»… Il y en a encore pas mal! 1243! Qui l'aurait cru?»

Il se tourna vers elle en souriant. Elle avait du mal à garder son regard fixé sur la liste.

«Vous avez dit qu'il habitait à Montparnasse, c'est cela?
– Malheureusement, nous n'avons pas plus de précisions, sinon, nous aurions pu le trouver sans venir ici.
– Et cela aurait vraiment été très dommage!

– Donc, domicile: PARIS XIV, XV, V et VI. Et voilà! Il n'en reste plus que deux:

Simon Fange, 3 rue de l'Ouest et Simon Renaud, 43 rue Monge. Je suppose que c'est Simon Fange qui vous intéresse surtout? Né en 1953 à Paris, il a donc maintenant 52 ans.

– Oui, et il vient du quartier Montparnasse. C'est exactement ce qu'il me faut! Vous avez été très rapide. Mais où est-il aujourd'hui?

– Attendez… Allons voir. Voilà sa fiche. Il s'est engagé en 1972 dans le 28e RT. C'est le régiment des transmissions. Celui qui s'occupe des messages radio. Il y a fait son chemin et est devenu sous-lieutenant. Il est actuellement en mission, en Afrique. Mais son régiment revient demain.

Vous avez de la chance. Donnez-moi votre numéro de téléphone et l'adresse de votre bureau. Il viendra se présenter dès son retour. C'est promis.»

Nathalie ne se fit pas prier deux fois. Elle écrivit l'adresse et le numéro de téléphone du bureau et ajouta le sien.

«On ne sait jamais, s'il devait s'échapper… Prévenez-moi en tout cas!

– C'est promis, mademoiselle. Je n'y manquerai pas.»

Il lui présenta son imperméable pour l'aider à l'enfiler, lui ouvrit la porte et la raccompagna jusqu'au garde à l'entrée.

«Merci pour votre aide très précieuse, capitaine.

– Tout le plaisir était pour moi, Nathalie. Vous permettez que je vous appelle ainsi?

– Volontiers. Au revoir!

– Je m'appelle Patrice. Au revoir, à très bientôt.»


Elle repartit en direction du métro. Elle avait complètement oublié de lui demander l'adresse actuelle de ce Simon Fange… Et bien, il faudra revenir, alors. L'idée ne lui déplaisait pas et c'est d'un pas léger qu'elle entra dans la bouche de métro Saint-Germain.

*Übung 62: Wie nennt man die Einwohner der folgenden Länder?*
*Geben Sie die männliche und weibliche Form an!*

1. Italie     _____

2. Hollande     _____

3. Chine     _____

4. Allemagne     _____

5. France     _____

6. Brésil     _____

7. Autriche     _____

8. Angleterre     _____

Au bureau, l'inspecteur Cliquot avait apporté une plaque de cuisson, une poêle, une assiette, une fourchette, un couteau, un verre et une demi-bouteille d'un bon Bordeaux.
«Puisque ce bureau est devenu mon deuxième domicile, il n'y a pas de raison que je ne m'y installe pas plus correctement, n'est-ce pas?»

*Übung 63: Fügen Sie die fehlenden Akzente ein!*

L'odeur de bœuf grille donna faim a Nathalie qui courut chercher un croque-monsieur au bistrot du coin de la rue. Le pain de mie, la tranche de jambon et le fromage rape etaient places au gril pendant quelques minutes. Le tout en ressortait dore a souhait, chaud et avec un petit fumet qui vous chatouillait les narines. Certains rajoutaient un œuf et l'appelaient croque-madame. Mais Nathalie preferait la recette d'origine.

Pendant quelques minutes, l'inspecteur Cliquot et Nathalie mangèrent en silence, tous deux occupes a deguster leur petit repas.

Puis, l'inspecteur Cliquot prit la parole.

«De mon cote, j'ai rapporte pas mal de nouvelles. Nous avons
trois autres familles victimes des betises de cette bande. Je sais ou
travaille le boucher, a Rungis. Et je connais son nom: Jean Séverin.
Et vous, qu'avez-vous trouve?

– Simon Fange s'est engagé en 1972 au 28e régiment des transmissions à Paris. Il est actuellement en mission et reviendra demain.
Le capitaine Delanoë nous l'enverra dès son arrivée, il s'en occupe
personnellement. Quant à l'industriel, il s'agit du directeur de la
société RACA, qui fait des modèles. Raymond Carmin, troisième
du nom, a repris l'entreprise de son père. Ses bureaux sont à la
Défense. Je suppose que nous devrons prendre rendez-vous.

– Bon, prenez rendez-vous avec Carmin le plus rapidement possible. Nous allons commencer par Séverin, à Rungis. Il faut arrêter
le meurtrier. Si nous avons raison, il y a encore trois noms sur sa
liste…»

Nathalie pris rendez-vous avec le PDG de RACA. Ce ne fut pas
facile, il lui fallut passer trois fois l'obstacle des secrétaires et elle
n'aurait certainement rien obtenu si elle n'avait pas insisté sur le
mot «police».

A côté du téléphone, un dossier était posé sur le bureau. Elle se
tourna vers l'inspecteur Cliquot.

«C'est vous qui l'avez posé là?

– Non, c'était déjà sur le bureau quand je suis arrivé. J'ai cru que
cela venait de vous.»

Nathalie ouvrit le dossier. C'était le résultat de l'enquête de quartier menée par les policiers de Montparnasse. Ils avaient interrogé
les gens du quartier sur les habitudes des deux victimes.

«Impeccable! Prenez le dossier avec vous, Nathalie. Nous irons en RER et en métro. Cela ira plus vite et vous pourrez lire le dossier pendant le trajet. Vous me le résumerez ensuite. J'ai mal au cœur lorsque je lis quelque chose dans un moyen de transport…»

Il partirent donc pour Rungis. Alors que Nathalie lisait le rapport, l'inspecteur Cliquot se rappelait les dernières statistiques sur Rungis, dont il avait pris connaissance:

*Übung 64: Setzen Sie die Verben im Plus-que-parfait ins Passé simple!*

232 hectares, 727 000 mètres carrés couverts, dont 470 000 mètres carrés de bâtiments à usage commercial. Un Français sur cinq était desservi par Rungis. Rien que pour la région parisienne, le marché de Rungis représentait 50% des produits de la mer et d'eau douce, 45% des fruits et légumes, 35% de la viande et 50% des fleurs et des plantes. En 2004, le chiffre d'affaires (1. s'était élevé) _____ à 72,4 millions d'euros avec 1 569 000 tonnes de produits alimentaires enregistrées à l'arrivage. Le marché abritait 1363 entreprises avec leur 12 162 employés. C'était énorme! Et il (2. n'avait encore jamais vu) _____ ce qui (3. avait succédé) _____ aux Halles. Il était temps de voir ce qui remplaçait ces marchés traditionnels que Louis VI le Gros (4. avait placés) _____ sur d'anciens marécages vers 1110.

Philippe Auguste les avait fait couvrir en construisant le premier pavillon des Halles en 1183, auquel Saint-Louis avait ajouté trois bâtiments en 1269. Dès cette date, un bâtiment avait été réservé aux poissons. François Ier avait rénové les Halles en 1543. Les travaux avaient duré 29 ans. Un ensemble de maisons à arcades avait été construit et ce n'est qu'en 1789 que le premier marché des fruits et légumes avait fait son apparition sur l'ancien Cimetière des Innocents. En 1811, Napoléon Ier avait voulu reconstruire les Halles. Le projet avait été repris sous la Restauration avec un seul bâtiment. De travaux en travaux, chacun y avait laissé sa signature.

Finalement, Baltard avait conçu un plan de huit pavillons métalliques qui avaient fait des Halles le plus grand marché de gros au monde.

Sa structure était impeccable pour l'époque. Mais la circulation se faisait de plus en plus difficilement, le marché devait être accessible plus facilement et surtout plus rapidement.

En 1953, le gouvernement décida de créer une chaîne de marchés d'intérêt national, ce qui enflamma la discussion sur les Halles. C'est le 13 juillet 1962 que Michel Debré prit la décision irrévocable - à la demande du Général de Gaulle - de transférer les Halles de Paris. Le terrain de Rungis fut choisi pour son emplacement favorable, très bien accessible par toutes les voies.

L'inspecteur Cliquot se souvenait encore vaguement de ses anciennes Halles qu'il avait à peine connues. Il se souvenait parfaitement de tous ces jeux placés dans une salle qui lui semblait immense à l'époque. Il avait deux ou trois ans et ce lieu semblait être le paradis des enfants. De tous les côtés, des toboggans, des buttes à escalader, des ponts de corde, des tremplins… Une multitude d'enfants qui jouaient, se basculaient, sautant, courant, criant, riant à cœur joie.

Sa mère le laissait toujours à cet endroit, une sorte de garderie à l'entrée des Halles. Elle allait faire ses courses tranquillement. Des adultes surveillaient le remue-ménage des enfants et aller au marché était toujours pour lui synonyme de grandes aventures.

C'était le seul souvenir qu'il en avait. Mais il lui semblait encore très proche.

Ils arrivaient à Rungis et Nathalie venait de terminer de lire le rapport. «Rien de vraiment neuf. Les deux hommes étaient bons amis. Nous le savons déjà. Tous les deux du quartier. Personne n'a aperçu de suspects dans les environs juste avant les meurtres. Ils n'étaient pas très appréciés, mais de là à les tuer… On n'a remarqué aucun étranger. A part une ambulance devant l'immeuble de la rue Deparcieux, mais ça, ce n'est pas chose rare dans ce quartier. Avec toutes les personnes âgées et seules qui y habitent… Elles appellent souvent un médecin pour un oui ou pour un non. Pour parler tout simplement.»

*Übung 65: Lesen Sie weiter und fügen Sie die Wörter in die entsprechenden Lücken ein!*
**(message, crochets, adresse, poste, employé, assistante, pavillon, aujourd'hui, tablier, connaisseur)**

Ils étaient arrivés au (1.) _____ rue du Charolais. Il faisait froid. Les acheteurs circulaient au milieu des demi-bœufs pendus aux (2.) _____. Ils les inspectaient d'un regard (3.) _____.

Ils aperçurent un homme avec un (4.) _____ blanc. Certainement un (5.) _____ de Rungis. L'inspecteur Cliquot s'approcha de l'homme.

«Inspecteur Cliquot de la PJ de Paris. Voici mon (6.) _____,

**ÜBUNG 65**

mademoiselle Claudel. Nous cherchons un dénommé Jean Séverin. Pouvez-vous nous dire où le trouver?

– Normalement, il devrait être ici. Mais (7.) _____, il n'est pas venu au travail. Je ne comprends pas. Il n'a encore jamais manqué sans appeler auparavant. C'est un bon employé, toujours fidèle au (8.) _____. C'est vraiment bizarre.

– Il n'a pas laissé de (9.) _____?

– Non, rien. Justement!

– Pouvez-vous nous donner son (10.) _____? Cela ne laisse rien présager de bon…»

Pour retourner en direction de Paris, l'inspecteur Cliquot et Nathalie prirent un taxi. Ils voulaient aller droit au but. Jean Séverin habitait avec sa femme une petite maison avec un jardin minuscule, en banlieue. Le taxi s'arrêta exactement devant la porte. Cliquot sonna à la porte. Personne ne répondit. Ils virent un rideau se soulever doucement. Impossible de voir qui c'était, il faisait trop noir dans la maison. Il sonnèrent à nouveau. La personne allait certainement leur ouvrir.

D'un seul coup, la porte s'ouvrit. Une personne sortit, toute habillée de blanc, un masque de chirurgien sur la bouche et une casquette blanche, qui ne laissait passer aucun cheveu, portant à la main une valise de secours en fer argenté et bordée de bandes jaunes lumineuses. Sur la valise, le mot «SAMU» en grosses lettres. Très rapidement, la personne passa devant l'inspecteur et Nathalie. Ses lunettes de soleil cachaient son regard. Elle se dirigea à grands pas vers l'ambulance et, sans un mot, démarra en trombe et partit à toute vitesse.

«Et bien, cela doit vraiment être urgent… Ils sont toujours sur le qui-vive, ces secouristes!»

Une femme arrivait à la porte du jardin. Elle avait aperçu le SAMU et courait aussi vite qu'elle pouvait.

«Que se passe-t-il? Mon mari est-il là? C'était pour lui le SAMU?

– Nous n'en savons pas plus que vous, nous venons juste d'arriver. Vous êtes donc madame Séverin?

– Oui, mais laissez-moi passer, je veux savoir ce qui s'est passé!

– Attendez! Inspecteur Cliquot, voici mon assistante, mademoiselle Claudel. Nous permettez-vous d'entrer en premier?

– Vous me cachez quelque chose. Un inspecteur! Ce n'est pas normal!»

Elle rentra en coup de vent, poussant la porte d'un grand coup, et resta figée.

L'inspecteur Cliquot eut juste le temps de la rattraper lorsqu'elle s'évanouit.

*Übung 66: Sind die folgenden Aussagen richtig? Markieren Sie mit richtig ✔ oder falsch – !*

1. Jean Séverin habite un appartement à Paris. ☐
2. Jean Séverin est marié. ☐
3. C'est l'inspecteur qui rentre en premier à l'intérieur. ☐
4. Jean Séverin les accueille en personne. ☐
5. Le SAMU a été appelé pour la voisine. ☐
6. Le docteur du SAMU a une barbe. ☐
7. La personne du SAMU porte des lunettes de soleil. ☐

Ni l'inspecteur Cliquot ni Nathalie n'avaient parlé pendant le retour. Ils étaient tous les deux accablés. Le docteur Jeanin leur avait expliqué que Jean Séverin avait dû mourir au moment où ils arrivaient. Elle ne pouvait imaginer qu'ils n'aient pas vu l'assassin.

«Cela a certainement été une question de minutes! Êtes-vous sûrs de n'avoir rencontré personne! Regardez, l'assassin a été dérangé, le dessin de la tour n'est pas complet. Comme s'il avait été pris en flagrant délit! Or, vous me dites qu'à part vous, personne n'est venu sonner à la porte de cette maison dans l'heure précédente. Impossible! Il est pratiquement mort sous vos yeux!»

Nathalie et l'inspecteur s'étaient regardés, le visage blême.

«Le SAMU!»

Pourquoi n'y avaient-ils pas pensé plus tôt? C'était évident. Pour réussir un meurtre avec une telle précision, sans verser de sang, il fallait être du métier! Un médecin, un secouriste du SAMU! Voilà où ils devaient chercher!

L'inspecteur Cliquot avait immédiatement donné l'ordre d'arrêter et d'interroger tous les médecins et secouristes de la ville. Il voulait connaître l'alibi de chacun d'entre eux. Il ne le laisserait pas recommencer! Trois meurtres suffisaient!

Arrivés au bureau, le préfet et son adjoint les attendaient et faisaient les cent pas devant leur porte.

«Ah, vous voilà enfin! Vous rendez-vous compte du chaos dans lequel vous plongez tout Paris actuellement? Plus un seul secouriste de libre! Les lignes des postes de secours ne cessent de sonner. Personne ne peut se déplacer, tout ce qui porte une blouse blanche dans la ville est au commissariat! Les pompiers essaient bien de parer au plus pressé, mais ils ne savent plus où donner de la tête! Mais enfin, à quoi pensez-vous?!

– Nous cherchons un dangereux meurtrier qui a déjà tué trois hommes. Toujours de la même manière. Il reste encore deux personnes sur sa liste. Nous en sommes certains. Comme nous savons aussi qu'il fait partie du SAMU, nous devons absolument le trouver avant qu'il ne recommence!

– Avez-vous déjà prévenu les autres victimes potentielles?

– Nous allions le faire! Nathalie, venez! Allons de ce pas trouver monsieur Carmin. A la Défense!
– Mais notre rendez-vous est pour demain seulement.
– C'est une question de vie ou de mort. Sa secrétaire ne voudra sûrement pas qu'il se fasse assassiner. Allons! Vous venez?»
Le préfet les regardait, tout étonné.
«Vous ne parlez tout de même pas de Raymond Carmin, le PDG de la société RACA?
– Si, monsieur le Préfet. Il est certainement le prochain sur la liste.
– Allez, dépêchez-vous et dites-lui que vous venez de ma part. Je connais bien son père, il me le fera payer cher s'il lui arrive quelque chose...»

*Übung 67: Lesen Sie weiter und unterstreichen Sie das Gegenteil der Wörter!*
*(1. classique, 2. défaite, 3. récuser, 4. honte, 5. étage)*

La Grande Arche de la Défense était visible de loin. Elle forme avec l'Arc de Triomphe et l'obélisque de la Concorde un grand axe que l'on appelle la grande perspective. Celle-ci s'arrête au petit arc du Louvre et à sa pyramide. Sur l'emplacement d'une forêt, dans laquelle Henri IV venait chasser, puis de petits villages, la Défense fut dès l'époque moderne un site sur lequel de grandes usines s'installèrent.
L'idée d'un nouvel axe vers l'ouest, d'une voie triomphale en l'honneur de la victoire de 1918 date de l'entre-deux-guerres. Celle d'en faire un quartier d'affaires fut adoptée en 1956 seulement. Le CNIT, ce bâtiment en forme de vague, le Centre des Nouvelles Industries et Technologies, connut son heure de gloire dans les années soixante-dix. Il fut même qualifié de «cathédrale des temps

modernes» par André Malraux. Avec ses 43 000 mètres carrés de surface d'exposition, dont 29 000 sont modulables, il accueille aujourd'hui des manifestations nationales et internationales dans ses trois amphithéâtres, trente-six salles de réunion et quatre halls. Il abrite également un hôtel, plusieurs restaurants et boutiques et un grand magasin.

La Défense fut construite sur une dalle de 440 hectares, capable de porter des immeubles de grande hauteur, des habitations et des commerces, mais surtout des bureaux. Tout ce qui concerne le transport, routes, parkings et réseaux, a été enfoui au sous-sol, sous la dalle.

Les premières tours étaient toutes identiques, d'une largeur modeste, d'une hauteur de cent mètres, elles accueillaient des bureaux. Mais elles dépensaient beaucoup d'énergie et, en 1976, plus de 100 000 mètres carrés de bureaux étaient vides à la Défense, alors que, partout ailleurs, les bureaux se louaient très facilement.

En 1978, le premier ministre, Raymond Barre, essaya de relancer la Défense par des mesures de construction de bureaux supplémentaires, d'amélioration de l'environnement. En 1981, le président François Mitterand fit de la Défense l'un de ses grands projets d'architecture. Le plus grand centre commercial d'Europe y vit le jour, de nouvelles tours furent bâties. Les bureaux devinrent de plus en plus nombreux et, bientôt, l'emploi avait doublé (de 51 700 en 1982 à 104 000 en 1990).

Les bureaux de la société RACA occupaient tout un immeuble. Lorsqu'ils entrèrent, ils furent accueillis par un groom en uniforme qui les conduisit à la réception. Là, ils durent inscrire leurs noms et adresses sur des fiches, comme dans un hôtel.

L'hôtesse leur demanda la raison de leur visite et l'inspecteur lui répondit que le président de l'entreprise était en danger de mort et qu'ils venaient simplement le sauver.

Devant l'air ébahi de l'hôtesse, il se raidit, prit un air de conspirateur et lui souffla tout doucement qu'elle pouvait aussi appeler le préfet, si elle ne le croyait pas.

Elle prit son téléphone et, après une très brève conversation, indiqua au groom qu'il devait les accompagner jusqu'au bureau du patron.

«Lui-même?

– Lui-même!»

L'inspecteur suivit le groom d'un air fier, Nathalie juste derrière lui. Le bureau de monsieur Carmin se trouvait au dernier étage de l'immeuble. Le page avait dû introduire une clé pour que l'ascenseur s'arrête à cet étage. Ils passèrent devant la secrétaire, qui remercia le groom et leur fit signe de s'asseoir un moment. Au bout de quelques minutes, une sonnerie retentit sur son bureau. Elle fit signe à l'inspecteur Cliquot et à Nathalie de la suivre. Elle ouvrit une porte large et très haute et les fit entrer dans le bureau en les présentant.

Raymond Carmin leur fit signe de s'asseoir. Il était assez grand, ses cheveux coupés court grisonnaient au niveau des tempes. Il n'avait pas d'embonpoint. Sa silhouette était sportive et son aisance laissait deviner un homme qui avait l'habitude du «grand monde». Le bureau était vaste. Très peu de meubles. Tous très modernes. Une longue table en verre, avec simplement un clavier transparent et un bloc-notes doré, lui servait de bureau. En regardant mieux, on pouvait voir un téléphone minuscule incorporé dans la table. Une fresque immense recouvrait le mur à droite du bureau. On devinait une porte sur la fresque. Probablement un placard. Tout était très sobre et vide.

**ÜBUNG 68**

*Übung 68: Sind diese Substantive männlich oder weiblich? Ordnen Sie zu und ergänzen Sie den bestimmten Artikel!*

*(immeuble, groom, uniforme, fiche, hôtesse, raison, visite, entreprise, danger, mort, air, conversation, talon, étage, clé, ascenseur, sonnerie, porte, cheveu, embonpoint)*

| Männlich | Weiblich |
|---|---|
| _____ | _____ |
| _____ | _____ |
| _____ | _____ |
| _____ | _____ |
| _____ | _____ |
| _____ | _____ |
| _____ | _____ |
| _____ | _____ |

«Monsieur Cliquot? Qu'est-ce qui vous amène?»

L'inspecteur Cliquot raconta ce qu'ils avaient découvert jusqu'ici. La mort des trois hommes, toujours de la même manière. Raymond Carmin sembla tout d'abord ne pas comprendre. Lorsque l'inspecteur lui expliqua la raison de sa visite, il éclata de rire.

«Moi? Me tuer?! Mais enfin, c'est impossible! Comment voulez-vous qu'un tueur arrive jusqu'ici?

– Vous n'êtes pas toujours dans votre bureau. L'assassin peut vous suivre, jusqu'à chez vous par exemple. Et nous savons désormais que c'est un médecin ou un secouriste du SAMU. S'il se présente en bas, vos employés le laisseront certainement passer!

– Mais non! Nous avons tout prévu ici. Nous avons une infirmerie et un médecin dans la société. A la moindre petite faiblesse, il arrive. Personne n'aurait l'idée d'appeler le SAMU. Tous les employés le savent!

*Übung 69: Ordnen Sie die Buchstaben zu einem sinnvollen Wort!*

– Evidemment, dans vos (1. erubaxu) _____, cela me semble difficile. Mais que dites-vous de votre vie (2. éverip) _____? Vous ne dormez pas dans vos bureaux, quand même?

– Tous les soirs, je sors par une porte qui mène (3. tecridentem) _____ à mon garage privé. Je suis le seul à en avoir la clé et il n'y a pas d'autre (4. tieros) _____, à part celle que je peux ouvrir avec cette clé. Vous voyez, tout est prévu! Une fois que je suis dans ma voiture de sport, comment voulez-vous me (5. arpartert) _____? Personne ne connaît mon adresse personnelle. Mes secrétaires n'ont que le numéro de mon portable et ne savent pas non plus où j'habite. Je suis sur la liste rouge, et donc pas dans l'(6. rainaune) _____. Vous voyez? Ne vous inquiétez pas pour moi. Vous pouvez partir tranquille... et cherchez donc plutôt le meurtrier, sans perdre de temps!»

Lorsqu'ils se dirigèrent vers la porte, Nathalie aperçut du coin de l'œil, derrière un grand écran accroché au mur, près de la porte, une photo de la tour Montparnasse. Elle s'arrêta et la montra du doigt à l'inspecteur Cliquot. Il alla droit vers la photo, déplaça l'écran et l'observa. L'ombre d'un jeune garçon se projetait sur la tour.

«Votre ombre?

– Oh, un souvenir d'enfance. Qui n'a jamais fait de bêtises quand il était petit? Mais cela ne veut rien dire. Et puis, toutes ces choses ne sont pas toutes vraies. Il y a eu de nombreux accidents dans le quartier. Or, à chaque fois, tout le monde nous montrait du doigt. Chacun voulait nous rendre responsable. Tout cela, parce que nous étions différents. Nous nous amusions, des jeux d'enfants, rien de plus. Regardez-moi, inspecteur! Ai-je l'air d'un criminel?

– Pouvons-nous prendre cette photo?

– Si vous voulez. Je l'avais déjà oubliée...»

Au bureau, le lendemain, Nathalie entreprit des recherches par téléphone. Elle entrait et sortait, repartait, un bout de papier à la main. L'inspecteur Cliquot lui avait remis la liste des familles persuadées d'avoir été victimes de la bande de jeunes et l'avait chargée de les retrouver.

**!** *Übung 70: Adjektiv oder Adverb? Unterstreichen Sie das passende Wort!*

ÜBUNG 70

Madame Bergros n'avait pas d'autre famille et son âge ne lui aurait (1.) certain/certainement pas permis de venir à bout des trois hommes. L'inspecteur et Nathalie l'avaient rayée (2.) unanime/unanimement de la liste des suspects. Le boulanger était un homme corpulent, qui n'avait cependant jamais su manier un couteau,

104

même pour couper la dinde de Noël, c'était sa femme qui s'en occupait! L'inspecteur et Nathalie le voyaient (3.) mauvais/mal réussir un si (4.) «beau/bien» meurtre, selon l'expression de madame Jeanin qui rêvait de rencontrer le meurtrier.

Restait donc le jeune homme qui avait raté l'examen et la femme du peintre. Le jeune homme avait juré de se venger un jour. Il devait avoir environ l'âge des jeunes de la bande et pouvait très (5.) beau/bien être devenu médecin ou avoir assez de notions d'anatomie pour réussir cette prouesse. N'était-il pas (6.) juste/justement bon élève? La femme du peintre, madame Baron, semblait (7.) mauvais/mal convenir. Madame Carré l'avait rencontrée et l'avait décrite comme une petite femme frêle et (8.) fragile/fragilement. Cela dit, il valait (9.) meilleur/mieux quand même aller la voir. Ils espéraient que madame Baron n'aurait pas déménagé du logement où madame Carré la supposait. Nathalie continuait à courir, à téléphoner et à chercher.

«Vous savez quoi, inspecteur?

– Mmmh?

– Ils auraient tout de même pu nous donner un ordinateur à la préfecture! Avec cet outil, toutes les recherches vont bien plus vite. Hop! Un clic de souris et voilà, tout est là!

– A condition que quelqu'un ait rentré les données! Et si vous voulez mon avis, il ne doit pas y avoir grand monde à faire ce travail...

– Alors c'est que l'Etat n'a plus de personnel...»

La sonnerie du téléphone lui coupa la parole. L'inspecteur décrocha. «Inspecteur Cliquot, que puis-je pour vous?...Oh, je vous la passe tout de suite. C'est pour vous, Nathalie!

– Pour moi? Allô, oui? Oh, capitaine! Oui, nous sommes au bureau. Non, je n'ai pas oublié. Bien sûr. Merci, avec plaisir. C'est très aimable de votre part. Oui, nous vous attendons. A tout à l'heure!»

Elle se précipita sur son sac, en sortit une brosse à cheveux, un pinceau et une boîte de poudre et se dirigea à grands pas vers la porte. «Nathalie! Où allez-vous? Cet appel a-t-il un rapport avec notre affaire?

– Je reviens tout de suite! Je vous expliquerai.»

Elle revint au bout de quelques minutes, son chignon refait, ses lunettes nettoyées, le teint rafraîchi.

«Vous vous souvenez de ma visite à l'État-Major? Je vous l'ai racontée hier... Et bien, le capitaine m'avait promis que Simon Fange, celui qui s'était engagé dans l'armée, viendrait nous voir dès son retour. Les troupes sont rentrées, il l'a fait appeler dans son bureau et nous l'amène dans une demi-heure.

– Et c'est pour recevoir ce Simon Fange que vous vous précipitez aux toilettes?

**ÜBUNG 71**

**!** *Übung 71: Finden Sie im folgenden Text die 12 Verben im Passé simple und bilden Sie das Imparfait!*

1. _____   7. _____

2. _____   8. _____

3. _____   9. _____

4. _____   10. _____

5. _____   11. _____

6. _____   12. _____

Nathalie rougit. L'inspecteur ne put s'empêcher de sourire en la voyant chercher rapidement un papier. Elle prit le combiné du téléphone, le reposa. Prit son crayon et son calepin, les reposa, essaya de lire la liste qu'elle venait de rapporter au bureau, mais ne cessait de regarder en direction de la porte.

Elle sursauta lorsque l'on frappa à la porte, bondit de sa chaise et se rua vers la porte pour l'ouvrir. Au moment de mettre la main sur la poignée, elle prit une grande bouffée d'air, souffla, baissa la poignée et laissa entrer le capitaine et l'homme qui l'accompagnait.

«Inspecteur Cliquot... capitaine Delanoë, de l'État-Major.

– Bonjour, inspecteur! Voici l'homme que vous cherchez: Simon Fange! Je peux me retirer, si vous le désirez...

– Oh non! Vous ne dérangez pas du tout!

– Enfin, Nathalie, il vaut peut-être mieux demander à monsieur Fange, s'il préfère être seul.

– Oui, oui, bien sûr!»

Simon Fange assura que non. Le capitaine ne lui avait rien révélé, car il ignorait ce qu'il était censé savoir. Il avait préféré lui dire simplement que la police avait besoin de son témoignage dans une affaire urgente et qu'il avait promis de l'amener sans tarder à l'inspecteur, dès son retour.

Nathalie invita le capitaine et le sous-lieutenant à prendre place. Elle s'assit en face du capitaine, à côté de l'inspecteur Cliquot.

«Monsieur Fange, vous avez bien passé votre enfance et votre adolescence dans le quartier de Montparnasse, n'est-ce pas?»

Simon Fange regardait l'inspecteur, l'air étonné.

«Oui, inspecteur. Mais j'en suis parti depuis au moins vingt ans. Alors si vous voulez des renseignements sur le quartier, vous n'en aurez pas de très récents par moi!

– L'époque qui nous intéresse est celle de l'«ombre sur la tour Montparnasse», monsieur Fange!»

Simon Fange avait souri, étonné, en entendant ce nom.

**107**

«Bertrand Sylvain, René Grosjean, Jean Séverin... Des noms que vous connaissez, n'est-ce pas?

– Oui, mais c'était il y a longtemps. Je ne vois pas ce que vous voulez, maintenant...

– Ils sont morts. Tous les trois de la même façon. Assassinés!»
Simon Fange faillit tomber de sa chaise.

«Morts! Assassinés! Mais, pourquoi? Comment? Par qui?

– Justement, c'est ce que nous voulons savoir. Nous avons appris vos écarts de conduite avec vos amis de l'époque. Ce n'était pas toujours très gentil, ce que vous faisiez là...

– Mais enfin, nous n'étions que des enfants. Nous ne savions pas ce que nous faisions! Et puis, ce n'était pas vraiment méchant! Nous n'avons jamais voulu faire de mal. Nous avons simplement fait les idiots. Rien de plus…

– Alors, pour vous, rançonner les personnes qui passent, empêcher une jeune fille de prendre l'avion qui l'emmène à son mariage, ne pas laisser un jeune homme tranquille, alors qu'il doit passer l'examen d'une grande école dans laquelle il a toujours voulu étudier, ou encore obliger une jeune fille à sauter par-dessus un bac à fleurs bien trop grand et l'abandonner sans aide lorsqu'elle se blesse, tout cela, ce ne sont que des bagatelles à votre avis!?»
Nathalie n'avait pas pu s'empêcher de lancer cette tirade. Elle regardait Fange dans les yeux, décidée.

## ! *Übung 72: Beantworten Sie die Fragen zum Text!*

1. Depuis quand Simon Fange n'habite-t-il plus à Montparnasse?

2. Qui est en colère contre lui?

_____

_____

3. Quelle est sa réaction quand Simon entend parler de l'«ombre sur la tour Montparnasse»?

_____

_____

4. Qui veut absolument que le capitaine Delanoë reste?

_____

_____

5. Où se trouve Nathalie pendant l'interrogatoire?

_____

_____

Comment appelez-vous ça? Des bagatelles, des bêtises d'enfants?
– Non, mademoiselle. Je ne sais pas qui vous a raconté ces sornettes, mais c'était bien différent. La fille du boulanger est venue nous voir un soir, son père avait arrangé ses fiançailles. Aller vivre en Hollande, elle n'en avait aucune envie. D'accord, le «fiancé» n'était pas méchant, mais il ne lui plaisait pas. Il ne lui laissait aucune liberté. Elle devait partir avec sa famille le lendemain. Son père avait organisé le voyage de façon à ce qu'elle n'ait pas le temps de réfléchir. Plus elle voyait le jour arriver, plus elle avait peur. Elle ne pouvait pas le faire comprendre à son père qui ne voyait qu'une seule chose: la fortune que ce mariage apporterait à sa famille. Elle ne savait plus que faire. Elle est donc venue nous raconter son histoire et nous a fait part de son plan. Nous devions l'empêcher par tous les moyens de prendre l'avion. Elle devait rater l'avion, mais il ne fallait pas qu'elle ait l'air

**109**

de ne pas vouloir le prendre. Elle avait économisé 2000 francs et nous les a proposés, à condition qu'on ne dise jamais à personne le contrat que l'on avait conclu avec elle. Que voulez-vous? C'était facile!

*Übung 73: Setzen Sie die Wörter in Klammern in den Plural!*

Nous avons crevé les (1. pneu) _____ de la voiture qui devait l'emmener à l'aéroport, caché sa valise, volé sa robe (elle avait laissé la porte ouverte), nous l'avons arrosée pour faire partir tout son maquillage, qui était à refaire. Nous nous sommes amusés comme des petits (2. fou) _____. Elle aussi, d'ailleurs. Elle criait, nous insultait et - dès que son père avait le dos tourné - elle nous faisait des (3. clin) _____ d'œil et nous disait que nous étions (4. génial) _____. Vous devriez lui demander. Je sais, j'avais promis aussi de ne rien dire. Mais, demandez-lui, elle comprendra certainement que je ne me taise pas dans de telles (5. circonstance) _____. A l'époque, celui qu'elle voulait vraiment, c'était Xavier Breton. Lui, ses parents ne le laissaient pas tranquille.

Ils voulaient en faire un singe savant! Il aurait aimé devenir vétérinaire, mais rien à faire, ses parents le voyaient dans une grande école. L'ENA, Polytechnique, au moins. Chez lui aussi, rien à faire pour les en dissuader. S'il le leur avait dit, ils auraient été tellement déçus qu'ils auraient été capables de se suicider. Du moins, c'est ce qu'il croyait. Quand il a vu le succès que nous avions eu avec sa copine - ils se voyaient en cachette, sans que leurs parents ne s'en rendent compte -, il nous a demandé à son tour un service. Il était plus facile de dire qu'il avait manqué l'examen d'entrée à cause de nous que parce qu'il n'avait pas envie d'entrer à l'ENA. Bref, lui aussi, il nous a proposé de l'argent. Nous, nous commencions à voir une belle carrière devant nous. Les sauveurs de tous les enfants dont les parents voulaient absolument planifier l'avenir à leur place! Nous ne l'avons pas laissé une minute devant ses feuilles. Ses parents étaient furieux, ils ont même fini par déménager, tellement il jouait bien son rôle. Il nous lançait des grimaces, dès qu'il nous croisait en présence de ses parents. «Je vous aurai un jour, je vous le promets! Vous avez tout fichu en l'air! Je vous le ferai payer!» Le soir, il venait boire une bière avec nous et on rigolait bien de la tête que faisaient ses parents. Il a été un peu loin, ils ont déménagé. Mais entre lui et la fille du boulanger, c'était déjà fini. Donc, il a suivi. Je serais d'ailleurs curieux de savoir ce qu'il est devenu. Quant à la petite Bergros, Sylvie, là, cela a été un accident malheureux que nous avons tous regretté. Nous n'avons rien pu faire. Elle était muselée par ses parents qui lui interdisaient de sortir, allaient la chercher à l'école. Ils ne la laissaient pas une minute toute seule.

*Übung 74: Indikativ oder Subjonctif? Setzen Sie die Verben in der richtigen Form ein!*

1. Ses parents ne veulent pas qu'elle (aller) _____ avec la

   bande de Montparnasse.

2. Tout le monde regrette que tu (être) _____ malade.

3. Nous pensons qu'il (être) _____ coupable.

4. Nathalie ne pense pas que Simon (pouvoir) _____ mentir.

5. Je crois qu'il (venir) _____ tous les ans à Paris.

6. Penses-tu qu'il (craindre) _____ la pluie?

7. Nathalie a toujours peur que l'inspecteur (faire) _____ une gaffe.

Un soir, on l'a vu arriver vers nous. On était comme toujours près du bac à fleurs, derrière la gare Montparnasse, c'est là que l'on pouvait nous trouver quand on nous cherchait. Elle nous a raconté que personne n'était venu la chercher à l'école ce jour-là et que chez elle tout était fermé. Elle était joyeuse, contente d'être libre. Elle nous a dit qu'elle voulait faire le test pour devenir un vrai «titi parnassien», c'est comme cela qu'on appelait les enfants et les jeunes qui avaient réussi à sauter par-dessus un bac à fleurs de la ville. Vous avez déjà vu ces bacs? Ils sont assez grands, environ un mètre cinquante de diamètre, bordés de béton. Ils ont une forme d'hexagone. Je ne sais pas qui a eu le premier l'idée de ce test, mais en tout cas, cela existait avant la bande de l'ombre. Sylvie voulait montrer qu'elle appartenait au quartier, comme les autres jeunes, mais ses parents l'en avaient toujours empêchée. Elle devait avoir dix-sept ou dix-huit ans, mais elle n'était pas grande et il fallait vraiment être sportif pour y arriver avec sa taille. Nous avons essayé de l'en dissuader. Il n'y a rien eu à faire. Avant que l'on ait pu faire quoi que ce soit, elle avait pris son élan et sauta. Son pied s'est pris dans la bordure du bac, elle a essayé de se redresser, est tombée sur le côté, la tête en plein sur le coin intérieur et saillant du bac en béton. Nous nous étions empressés de l'aider, mais elle était déjà sans connaissance. Jean a foncé dans la cabine téléphonique à l'entrée des immeubles au-dessus de la gare et a appelé les secours. Nous avons préféré partir quand nous avons entendu l'ambulance. Avec toutes les histoires que l'on racontait sur nous, il valait mieux ne pas en rajouter. J'avoue que ce n'est pas très courageux, mais, que voulez-vous, nous étions jeunes et ne pouvions pas encore voir toutes les conséquences de nos gestes! De là à nous assassiner, il y a quand même un pas!

– Pour l'instant, nous n'avons que vos dires pour cette version des faits. Mais nous allons évidemment vérifier tout ce que vous venez de nous raconter... Il nous manque cependant encore une personne. Le peintre Baron! Cela vous dit quelque chose, n'est-ce pas?

*Übung 75: Schreiben Sie die folgenden Sätze in die negative Form um!*

1. Je le lui ai dis.

   *Je ne le lui ai pas dis.*

2. Le patron m'en parle toujours.

   _____

3. Tu as déjà été le chercher?

   _____

4. Pourquoi le fais-tu?

   _____

5. Prends-le!

   _____

6. Prenez-vous en à lui!

   _____

– Ah non, cela ne va pas recommencer! Il y a eu une enquête, à l'époque. Je l'ai déjà dit à ce moment-là, je vous le répète volontiers: je ne sais rien! Je n'y étais pas.

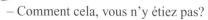

– Comment cela, vous n'y étiez pas?

– Le jour de l'accident, René, Bertrand et moi étions au boulot. Pour nous faire un peu d'argent, on servait de temps en temps de videurs dans une boîte de nuit à Saint-Michel. On y allait toujours à trois, cela suffisait. On laissait rentrer certaines personnes, d'autres non, et si quelqu'un embêtait une fille ou se tenait mal, on le virait tout simplement. On faisait une bonne équipe et de nous quatre, il y en avait toujours trois qui pouvaient faire le travail. Le patron savait qu'on viendrait. On commençait relativement tôt. A vingt et une heures pile, il fallait y être. Donc, nous étions partis vers dix-huit heures pour nous préparer. Le patron voulait absolument que l'on vienne en chemise blanche et impeccablement propres. Il le remarquait tout de suite, le patron, si l'on ne s'était pas douché avant de venir. D'après ce que Jean et Raymond ont dit plus tard, lorsqu'ils ont vu le peintre Baron passer, ils lui ont crié, pour s'amuser - comme on le faisait parfois -: «Et la douane?». Il est parti d'un seul coup, à toute vitesse. Ils se sont demandé ce qui se passait. Avant qu'ils n'aient eu le temps de se retourner, il traversait l'avenue du Maine sans faire attention. Le feu était rouge pour les piétons. Le bus n'a pas pu l'éviter. D'ailleurs, le conducteur du bus n'a pas cessé de répéter qu'il ne l'avait pas vu venir. Demandez à vos collègues. Ils vous le diront certainement. L'enquête a conclu à un accident.

**!** *Übung 76: Finden Sie im oben stehenden Text die Übersetzung der folgenden Wörter!*

1. Zoll　　　　　　　　　_____

2. Disko　　　　　　　　_____

3. Unfall　　　　　　　　_____

4. pünktlich um 10 Uhr _____

5. Rausschmeißer _____

6. Fußgänger _____

7. Spaß haben _____

8. Ampel _____

Mais, à partir de là, tout s'est dégradé. Raymond et Jean n'arrêtaient pas de se disputer. Raymond n'était plus le même. Il passait trop de choses à Jean. Jusque-là, c'est toujours Raymond qui avait eu les idées et nous, on devait suivre. En fait, on n'avait pas grand chose à dire. Mais là, il est devenu de moins en moins batailleur. Jean avait des tas d'idées idiotes en tête. René et Bertrand le suivaient, mais moi, je trouvais cela de plus en plus bête. Faire peur aux gens, c'est bon quand on a quinze ans, mais à vingt!
Comme je n'avais jamais été très doué à l'école, j'ai préféré m'engager dans l'armée. Ils avaient besoin de nouvelles recrues pour le régiment des transmissions. Là, je me suis fait d'autres amis et je n'ai plus vraiment pensé aux autres.

*Übung 77: Was bedeuten die folgenden Sätze? Kreuzen Sie an!*

1. Raymond passait trop de choses à Jean.
   a) ☐ Raymond faisait trop de reproches à Jean.
   b) ☐ Raymond ne faisait pas assez de reproches à Jean.

2. Tout s'est dégradé.
   a) ☐ Tout est devenu de pire en pire.
   b) ☐ Tout s'est amélioré.

3. Ils avaient besoin de nouvelles recrues.

a) ☐ Ils avaient besoin de nouveaux militaires.

b) ☐ Ils avaient besoin de nouveaux commandants.


4. Raymond est devenu de moins en moins batailleur.

a) ☐ Raymond a commencé à se battre avec tout le monde.

b) ☐ Raymond a commencé à perdre sa combativité.


– Vous n'avez jamais su ce qu'ils étaient devenus?

– Si. Bien sûr. Vous savez, Montparnasse, c'est comme un village. Tout le monde sait tout. J'ai appris que Raymond avait quitté le quartier et qu'il avait repris l'entreprise de son père. Depuis le début, on savait tous qu'il ne resterait pas avec nous, de toute façon. C'était clair, avec un père comme le sien!

J'ai revu de temps en temps René et Bertrand, surtout depuis que René avait racheté «Le Clair de Nuit». Ils continuaient à glorifier le temps de l'ombre. Ils avaient même gardé la photo! Pour moi, c'est du passé, il y a longtemps que je n'y pense plus. Et j'ai relégué la photo dans le grenier de mes parents. Jean avait vendu la boucherie de son père pour une bouchée de pain. Il a continué à faire n'importe quoi et a rapidement manqué d'argent. Je me souviens d'un jour où j'étais en permission, chez mes parents, lorsque Jean a frappé à la porte. Il venait me demander si je pouvais lui prêter de l'argent. Il n'avait même plus de quoi payer son loyer! Il buvait beaucoup et avait perdu l'argent de la vente de la boucherie de son père en jeux et en alcool. Je lui ai fait comprendre qu'il ne pouvait pas continuer comme cela, sinon, il se retrouverait sous les ponts.

Je l'ai aidé à retrouver confiance et à voir ce qu'il pouvait faire. Il lui fallait tout d'abord du travail. Et puis, je lui ai prêté un peu d'argent pour qu'il tienne encore un peu. Mais pas beaucoup. Je n'en ai jamais eu beaucoup.

*Übung 78: Finden Sie die sechs Wörter, die nicht zum Text passen, und unterstreichen Sie diese!*

Quand je l'ai revu, environ deux ou trois mois après, il est venu me rendre l'argent que je lui avais manqué. Il m'a raconté qu'il avait trouvé du travail au rayon papeterie du marché de Rungis et qu'il cherchait à s'acheter une maison. Son travail était sûr et il ne lui manquait plus qu'une femme pour avoir le désespoir absolu. Je sais qu'à l'époque, je me suis demandé pourquoi je n'avais pas choisi de devenir boucher.

– Il avait donc l'intention d'acheter une maison alors qu'il avait à peine commencé son nouveau travail? Vous a-t-il dit d'où devait venir l'argent pour la maison?

– Il répétait que son travail était sûr, une vraie mine d'aluminium, d'après lui.»

Nathalie et l'inspecteur se regardèrent brièvement. Ils avaient eu la même pensée.

«Merci pour votre aide, monsieur Fange! Nous devons toutefois vous prévenir que vous êtes certainement en sécurité. Pour une raison ou une autre, le meurtrier en veut à votre ancien groupe. Et il ne reste que vous et monsieur Carmin. Désirez-vous une protection de la police?

– Je ne sais pas. C'est tellement drôle comme situation. Jusqu'à présent, je n'ai risqué ma vie qu'en mission...»

Le capitaine se tourna vers l'inspecteur.

«Si vous le permettez, inspecteur, je pourrais proposer une solution plus simple.

– Je vous écoute.

– Nous pouvons préparer une chambre à l'État-Major. Il suffira de nous prévenir dès que vous aurez trouvé le coupable et le lieutenant pourra ressortir sans crainte. Voyez, à l'État-Major, les règles de sécurité sont telles que personne n'y entre sans y être autorisé.

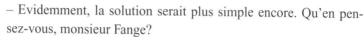

– Evidemment, la solution serait plus simple encore. Qu'en pensez-vous, monsieur Fange?
– C'est ce que je vais faire. Merci, mon capitaine. J'accepte votre proposition!»

> *Übung 79: Ordnen Sie die Wörter in Klammern so, dass ein sinnvoller Satz entsteht! Achten Sie auf Groß- und Kleinschreibung!*

Nathalie raccompagna les deux hommes à la porte et resta encore sur le palier (1. à disparaissent jusqu' ils ce qu') _____ _____ dans l'escalier. Le capitaine lui avait soufflé quelque chose à l'oreille en partant et (2. rougi elle encore avait) _____. «Nathalie, nous devons absolument vérifier les dires de ce monsieur Fange. Toute cette affaire prend une tournure bien différente! (3. adresses trouvé vous les avez-) _____?
– Pour madame Baron, cela n'a pas été difficile, elle habite bien au-dessus de la gare Montparnasse. (4. boulanger Afrique ce fille en la est en du) _____ moment, impossible de l'interroger, mais pour ce Xavier Breton, j'ai une idée...» (5. de elle pages l' les jaunes annuaire prit) _____ _____, les ouvrit à la page «vétérinaires» et poussa un petit cri de satisfaction, (6. sur lorsqu' la elle nom trouva liste son) _____.

«Il semble que monsieur Fange n'ait pas menti. Nous avons ici un Xavier Breton dans le XVIe.
– Très bien! Allons voir de ce pas. Par qui commencerons-nous?
– De préférence par le vétérinaire. J'ai l'adresse de son cabinet, tandis que madame Baron est chez elle. Il sera plus facile de l'y trouver.
– Vous avez raison, allons-y!»

Dans la salle d'attente, des chiens côtoyaient des chats et des canaris sans trop de problèmes. Chaque animal fixait son maître ou sa maîtresse. Une jeune fille d'une vingtaine d'années portait dans ses bras une cage en verre qu'elle serrait contre elle: un serpent! Lorsque le docteur sortit pour appeler le prochain client, il aperçut l'inspecteur et Nathalie assis sans animal.
«De quel animal s'agit-il pour vous? Un cheval ou un boa peut-être?
– Non, non, rien de tout ça! Nous sommes de la police et avons besoin de votre témoignage.»

*Übung 80: Setzen Sie die passende Präposition ein!*
**(en, sur, d'après, vers, d', de, à part)**

Toutes les têtes s'étaient retournées (1.) _____ l'inspecteur et son assistante. Le docteur ne perdit pas son sang-froid.
«Vous permettrez sans doute que je fasse passer ces personnes de la police (2.) _____ premier, ils sont dans l'exercice de leurs fonctions, n'est-ce pas?»
Tout le monde fit un signe approbateur de la tête et les regarda passer (3.) _____ un air admiratif.
Xavier Breton ne leur proposa pas (4.) _____ s'asseoir, ses

patients n'avaient pas besoin de chaise en général et (5.) _____ la table d'osculation et un bureau, le cabinet ne contenait que des étagères.

«Que puis-je pour vous?

– Nous enquêtons actuellement (6.) _____ trois meurtres. Les trois victimes sont des membres de l'ancienne bande qui se dénommait «l'ombre sur la tour Montparnasse».

– Certainement une bande de Montparnasse, (7.) _____ le nom!

– Vous ne les connaissez pas?

– Cela ne me dit rien, non. Désolé.»

Son regard était franc et sa voix claire. Il fixait l'inspecteur, un sourire poli aux lèvres.
«Bertrand Sylvain, René Grosjean, Jean Séverin...
– Raymond Carmin et Simon Fange! Bien sûr! Je les connais! Vous dites que trois d'entre eux ont été tués?»
Son regard s'était assombri.
«Lesquels?
– Bertrand, René et Jean.
– Mais enfin, pourquoi?
– C'est justement ce que nous essayons de comprendre. Nous pensions que vous pourriez nous aider. Nous avons appris que vous aviez dû changer d'orientation à cause de cette bande. Ses membres vous auraient empêché de réussir un examen important.
– Pas du tout! Ce sont mes parents qui voulaient absolument me faire entrer à l'ENA! Moi, je ne rêvais que d'une chose: devenir vétérinaire! Comme avec ma petite amie de l'époque, qui elle avait des problèmes encore plus graves avec son père... Figurez-vous

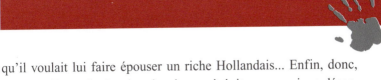

qu'il voulait lui faire épouser un riche Hollandais... Enfin, donc, comme elle avait réussi, grâce à eux, à éviter ce mariage désastreux, je leur ai demandé le même service. Et ils l'ont fait. Très bien d'ailleurs. Mes parents étaient persuadés que je n'y étais pour rien du tout... Alors que je ne voulais pas faire l'ENA!

*Übung 81: Finden Sie die entsprechende französische Redewendung!*

1. das Geld zum Fenster rauswerfen

___

2. etwas für sein Geld haben

___

3. Geld stinkt nicht.

___

4. Geld allein macht nicht glücklich.

___

5. Zeit ist Geld.

___

6. etwas für bare Münze nehmen

___

– Votre petite amie, c'était bien la fille du boulanger, n'est-ce pas?
– Oui. Mais pouvez-vous m'expliquer ce que cela a à voir avec les trois meurtres? Quelle horreur!

– Justement, c'est ce que nous essayons de comprendre, nous aussi. Savez-vous peut-être si ces trois hommes avaient un autre secret qui les reliait? J'ai du mal à croire - maintenant que toutes ces affaires se sont avérées sans fond réel, et surtout, sans vraie méchanceté - que quelqu'un ait pu les assassiner à cause de ce passé.
– Moi aussi, inspecteur. Ou bien il faut que ce quelqu'un n'ait pas grand chose à voir avec ces choses-là. Mais peut-on tuer une personne pour une raison qui ne nous concerne pas directement? Je n'aimerais pas être à votre place, inspecteur. Vraiment, non!
– Désolé de vous avoir dérangé dans votre cabinet et merci pour vos réponses.
– Je vous souhaite toute la perspicacité nécessaire à cette affaire bien spéciale, inspecteur.

– Décidément, tout devient de moins en moins clair! La seule personne suspecte qui nous reste est une dame d'une soixantaine d'années, dont le mari s'est suicidé. Et à en croire ce que nous avons appris ces dernières heures, elle n'a aucun motif!
– Allons tout de même la voir, Nathalie. Peut-être en saurons-nous un peu plus après. Qui sait?»

! *Übung 82: Lesen Sie weiter und unterstreichen Sie das passende Hilfsverb!*

ÜBUNG 82

Nathalie se demandait à quel point tout ce qu'ils (1.) avaient/étaient appris jusqu'ici était vraiment réel. Cela lui rappelait un livre qu'elle (2.) était/avait classé et lu par la même occasion. Le titre l'avait intriguée. «La Sémantique sans les linguistes». Elle (3.) s'était/s'avait demandé à l'époque ce que ce titre pouvait bien cacher. La sémantique était pour elle l'étude du sens des unités linguistiques. Mais, en lisant ce livre, elle (4.) s'avait/s'était rendu compte que la sémantique pouvait être une science bien plus complexe encore. Elle (5.) était/avait découvert la notion de facettes, la carte qui n'était pas le terrain. Elle (6.) était été/avait été fascinée.

En résumé, tout pouvait (7.) être/avoir plusieurs facettes, tout dépendait de l'observateur ou de la personne qui vivait l'instant. Une même chose pouvait (8.) avoir/être comprise très différemment par plusieurs personnes.

Quelque chose lui disait que c'était cela qui lui ferait comprendre cette affaire, mais elle ne savait pas encore comment. Pendant qu'ils repartaient en direction de Montparnasse, cette fois-ci par le bus, elle essayait de trouver plusieurs facettes aux mêmes événements.

Madame Bergros, dans son journal, voit les choses de façon dramatique. Pas étonnant, sa fille ne s'en est jamais remise et elle ne sait pas vraiment ce qui s'est passé. Il est toujours plus facile de faire porter la responsabilité aux autres.

Il semble que les enfants et les adolescents du quartier n'ont pas vécu l'événement aussi dramatiquement. Ce sont les parents qui paniquent, pas les enfants.

«Avez-vous remarqué? Ceux qui ont vécu un événement dans cette histoire le décrivent de façon bien moins dramatique que ceux qui en ont entendu parler!

– Bien observé, Nathalie. Mais où voulez-vous en venir avec cette réflexion?

– Je ne sais pas. Mais j'ai l'impression que cela a de l'importance...»

Au moment de monter la rampe de l'immeuble au-dessus de la gare Montparnasse, l'inspecteur Cliquot se rappela les mots de madame Carré sur cet immeuble. C'est vrai que l'on voyait tout dans les appartements. Une vraie cage à lapins.

Madame Baron leur ouvrit la porte. Elle était petite et menue. Ses cheveux colorés en roux foncé et coupés court, comme un garçon, entouraient un visage pâle et fatigué. Toute la dureté de la vie était inscrite dans ses traits. Elle était maigre, extrêmement maigre. Ses poignets étaient si minces, qu'on avait l'impression qu'ils se rompraient à la moindre secousse.

## Übung 83: *Setzen Sie die Verben in der angegebenen Zeitform ein!*

Elle (1. faire, passé simple) _____ signe aux deux visiteurs de la suivre et les accompagna dans une petite pièce qui lui (2. servir, imparfait) _____ à la fois de cuisine et de salon. La table près de la fenêtre, entourée de quatre chaises, offrait une vue plutôt exceptionnelle pour qui (3. être habitué, imparfait, négation) _____. En s'asseyant à cette table, on avait l'impression de s'asseoir dans la cabine d'une grande roue de foire. On (4. voguer, imparfait) _____ _____ au-dessus des toits. Son appartement au huitième étage était vraiment haut perché. Ce n'était pas un lieu pour ceux qui avaient le vertige. En effet, les murs extérieurs remplacés par des vitres donnaient toujours l'impression d'être en l'air, de voler. «(5. pouvoir, présent) _____-je vous offrir quelque chose à boire? Un verre d'eau peut-être?

– Non merci, madame. Nous ne vous importunerons pas longtemps. Nous sommes simplement à la recherche d'un motif pour

trois crimes qui (6. avoir lieu, passé composé) _____
_____ ces derniers jours à Montparnasse.

– Ah bon? Et vous pensez que je peux vous aider?
– Bertrand Sylvain, René Grosjean et Jean Séverin, cela vous dit quelque chose?
– Oui. Ce sont ceux qui ont tué mon mari. Ou du moins qui l'ont poussé au suicide. Qu'ont-il à voir avec ces meurtres?
– Ils en sont les victimes.
– Eh bien, en voilà une bonne nouvelle! Êtes-vous sûrs de ne rien vouloir prendre?»
Elle alla chercher une bouteille de vin derrière la porte.
«Une bonne raison de faire la fête. La justice existe, enfin!»
L'inspecteur Cliquot et Nathalie étaient stupéfaits.
«Voyez-vous, ils ont tué mon mari. Avec Raymond Carmin et Simon Fange. Il l'ont poussé au suicide. Il avait tout pour devenir un peintre célèbre. Mais ils l'ont tué. A cause d'eux, il nous a laissées seules, ma fille et moi. Plus jamais il n'est revenu. Plus rien n'était comme avant. A cause d'eux... Ils l'ont bien mérité!»
Elle prit son verre de vin et le but d'un seul coup. En se resservant, le regard fixe et vide, elle répétait sans cesse qu'ils l'avaient tué.
Nathalie chercha à croiser son regard.
«Et votre fille, elle est restée, votre fille?
– Oui, mais elle a beaucoup de travail.
– Pouvez-vous nous donner son adresse? Nous aurions quelques questions à lui poser...
– Tenez!»
Elle écrivit l'adresse sur un petit bout de papier et le tendit à Nathalie. Après l'avoir remerciée, Nathalie et l'inspecteur Cliquot s'en allèrent sur la pointe des pieds.

«Vous voyez, c'est exactement cela, la sémantique! Chacun voit les choses autrement. Cette dame a perdu toute envie de vivre à la mort de son mari. Pour elle, tout a basculé le jour de la rencontre entre son mari et la bande de l'ombre. Donc, ils sont coupables. Qu'il s'agisse d'un accident ou non n'a plus aucune importance. Ce n'est pas ce qui est important, mais ce qui semble être. Depuis, elle a perdu toute orientation. Elle vit dans la répétition perpétuelle de cet événement.

– Vous avez raison, Nathalie, mais en quoi cela nous rapproche-t-il de notre assassin?

– Peut-être le saurons-nous en questionnant la fille?

– Oh, vous savez, cela me semble peu probable. Elle venait à peine de naître au moment des événements. Qu'a-t-elle à voir avec tout cela?»

## ! ÜBUNG 84

*Übung 84: Übersetzen Sie und enträtseln Sie das Lösungswort!*

1. Lust      _ _ □ _ _
2. Selbstmord      _ _ _ _ _ □
3. Wiederholung      _ _ _ _ _ _ _ □
4. Blick      _ _ □ _ _ _
5. umbringen      _ _ □ _
6. schuldig      _ _ _ _ □ _ _ _
7. Maler      _ _ _ □ _ _ _
8. Unfall      _ _ □ _ _ _ _ _
9. Gerechtigkeit      _ _ _ _ _ □

Lösung: _ _ _ _ _ _ _ _ _

Lorsqu'ils arrivèrent à l'adresse inscrite sur le petit papier, ce qu'ils virent les étonna. Une maison somptueuse en plein quartier chic. Ils

se demandaient dans quelle chambre de bonne mademoiselle Baron
se trouverait, lorsqu'ils découvrirent une plaque sur la façade:
Amélie Baron
Chirurgienne des hôpitaux de Paris
Consultation uniquement sur rendez-vous
1er étage
Ils en restèrent cois.

*Übung 85: Setzen Sie das passende Personalpronomen ein!*
*(ils, lui, leur, les)*

Lorsque l'inspecteur présenta sa carte, la concierge (1.) _____
ouvrit la porte. Elle (2.) _____ indiqua un ascenseur dont la grille
en fer forgé donnait sur une petite cage couverte de tapis rouge,
avec une lampe en forme de lustre au plafond. Mais l'inspecteur et
Nathalie préférèrent prendre l'escalier de marbre, orné d'un mince
tapis rouge fixé sur la pierre par deux fines barrettes dorées.
Arrivés au premier étage, ils sonnèrent. Personne ne répondit.
La concierge qui, d'en bas, (3.) _____ surveillait du coin
de l'œil (4.) _____ cria de pousser la porte et de s'installer dans
la salle d'attente.
Ils ne se firent pas prier deux fois. L'entrée était très grande. Sur le
mur en face de la porte d'entrée, une petite pancarte indiquait,
d'une flèche vers la droite, la salle d'attente. (5.) _____ s'assirent
et commencèrent à attendre. Mais rien ne se passait.

Dans la pièce d'à coté, un ronronnement était perceptible. Pas de
voix. L'inspecteur se leva.

«Ce n'est pas normal. Tant pis, j'ose.» Suivi de Nathalie, curieuse, il ouvrit la porte d'où sortait ce curieux ronronnement. Un vieux projecteur super 8 tournait, encore allumé; le film était déjà terminé. Sur l'écran, seule la lumière blanche occupait l'écran.

Cliquot éteignit le projecteur. Sous une porte sur la droite, un filet de lumière perça. Ils s'approchèrent et ouvrirent la porte. Une jeune femme d'à peine trente ans gisait au sol, haletante. Une seringue à la main. Elle ouvrit doucement les yeux à leur arrivée. Cliquot se précipita vers elle. Il fit signe à Nathalie d'appeler les secours.

La femme essaya de prononcer quelques mots.

«Trop tard! Je l'ai crue. Je l'ai tout simplement crue. Pardonnez... ma crédulité...»

Son cœur s'arrêta de battre, aucune respiration n'était plus audible. Cliquot ferma ses yeux et resta un moment sans parler. Nathalie s'était assise sur la chaise à côté de lui et restait coite, elle aussi.

**! Übung 86: Sind die folgenden Aussagen richtig? Markieren Sie mit richtig ✔ oder falsch – !**

1. La chirurgienne a été assassinée. ☐
2. Nathalie et l'inspecteur sont arrivés, alors que la chirurgienne était morte. ☐
3. La chirurgienne avait moins de trente ans. ☐
4. Nathalie et l'inspecteur sont entrés dans le cabinet, car ils avaient entendu un bruit bizarre. ☐
5. La chirurgienne a regardé un film avant de mourir. ☐
6. La chirurgienne est morte étranglée. ☐

Ensuite, tout se passa très vite. La jeune femme était bien la fille de madame Baron. Jeune chirurgienne pleine d'espoir, elle était déjà reconnue pour son adresse et sa précision. «Pas un millimètre de trop dans tout ce qu'elle découpait!» avait déclaré fièrement le médecin-chef. On retrouva sans peine, dans son cabinet, la longue pointe très bien aiguisée qui avait servi d'arme du crime. Elle avait vécu pendant toute son enfance avec sa mère qui ne pensait qu'à une seule chose: à sa vengeance. C'est ce qu'elle avait voulu dire à Cliquot. Elle avait cru sa mère. Sans la remettre en question. Sans se demander si sa version des faits était la bonne. Elle avait tué au moins deux innocents, puisqu'ils n'étaient pas là au moment de l'accident.

Cliquot avait récupéré les films super 8 trouvés chez la chirurgienne. Il avait installé le projecteur avec la porte pour écran et commença à les regarder avec Nathalie. Quatre jeunes hommes d'une vingtaine d'années environ faisaient des grimaces devant la caméra. Puis, l'un d'entre eux désigna sa montre. Il avait le même visage allongé que Simon Fange. Il s'en alla avec deux autres garçons en riant. Ils disparurent de l'écran.

Le film s'arrêta puis recommença. Il montrait le quatrième jeune homme, bien habillé. Un homme d'une trentaine d'années, avec une petite barbe, s'approcha. Le jeune lui cria quelque chose. L'autre lui répondit, l'air sévère. Le jeune courut vers le plus vieux qui ne bougeait pas, parlant à toute vitesse, comme pour un sermon, en levant un doigt menaçant.

*Übung 87: Finden Sie das zum Adjektiv oder Adverb passende Substantiv!*

1. vite _____

2. long _____

**! ÜBUNG 87**

3. innocent _____

4. fièrement _____

5. sévère _____

6. menaçant _____

7. jeune _____

8. vieux _____

9. bon _____

10. petit _____

La caméra suivait la scène. Le jeune s'approche du plus vieux, il s'énerve. L'homme à la barbe ne le prend visiblement pas au sérieux. Il semble rire. Le jeune s'énerve et pousse le plus vieux d'un grand coup et le déséquilibre. Ce dernier tombe dans la rue, juste au moment où un bus arrive. Les deux mains en avant sous les roues du bus.

Le plus jeune fut très rapidement identifié: Raymond Carmin. L'autre homme était le peintre.

Dans la maison de Jean Séverin, on retrouva d'autres films super 8 sur la bande. Cela avait été sa marotte. Amélie Baron les avait trouvés aussi. Elle avait ainsi compris son erreur. Cliquot fit arrêter Carmin. Son procès attira toute la presse à scandale du pays. L'examen des comptes de Jean Séverin avaient montré qu'il avait reçu une grosse somme en liquide, au début des années quatre-vingt-dix, qui lui avait permis de s'acheter sa maison. Les comptes de Raymond Carmin montraient un montant prélevé du même ordre de grandeur et à la même époque. Il ne fallut pas longtemps pour faire avouer à l'industriel la raison de ce prélèvement. Le film que Jean Séverin avait tourné à l'époque pour s'amuser lui avait servi de moyen de pression et il ne s'était pas privé de faire chanter son ancien copain.

**130**

*Übung 88: Ergänzen Sie die folgenden Redewendungen mit dem passenden Wort!*
**(sous, riche, as, beurre, rond, mois)**

1. ne pas avoir un _____

2. être près de ses _____

3. arrondir les fins de _____

4. mettre du _____ dans les épinards

5. être _____ comme Crésus

6. être plein aux _____

L'affaire était bouclée et l'inspecteur Cliquot s'était rendu en personne, avec Nathalie, à la préfecture pour rendre le rapport en mains propres au préfet, qui n'avait pas vraiment su comment les accueillir. Le succès de leur enquête était indéniable, mais il aurait préféré voir le fils de son ami épargné. Comme il était toutefois profondément honnête, il fit part de sa gratitude à Cliquot et Nathalie pour leur bonne enquête et les félicita des résultats. Il les regarda sortir du bâtiment par la fenêtre, accompagné de son fidèle adjoint.

*Übung 89: Finden Sie das Gegenteil der Begriffe!*

1. fidèle _____

2. honnête _____

3. poli _____

4. implicite _____

5. coupable _____

6. patient _____

«Vous avez remarqué? Les catastrophes se sont faites plutôt rares cette fois-ci? Notre inspecteur s'améliorerait-il?

– C'est peut-être le meurtre qui le rend plus sérieux?

– C'est possible. Nous verrons ce que l'avenir nous réserve!»

Au moment où il disait ces mots, Nathalie et l'inspecteur Cliquot sortaient du bâtiment de la préfecture. Devant la porte, des policiers avaient rassemblé les résultats de leur dernière razzia. Ils venaient de mettre fin à un trafic de coqs de combats et avaient arrêté leurs entraîneurs. Alors que les coqs criaient à tue-tête dans leurs cages entassées devant la préfecture, des dizaines d'entraîneurs étaient menés, menottes aux poings, en direction de la porte. Nathalie se retourna vers l'inspecteur Cliquot, lui dit furtivement au revoir et se précipita vers le portail.

Curieux, l'inspecteur Cliquot voulut voir la raison de son empressement et court derrière elle. Au moment où il aperçut le capitaine Delanoë qui attendait devant le portail, un bouquet de fleurs à la main, il trébucha, s'étala de tout son long sur la pile de cages à sa gauche. Les cages tombèrent et, comme dans un jeu de dominos, firent tomber toutes les autres, empilées le long du mur. Elles s'ouvrirent. Les coqs sortirent de leurs cages et commencèrent à se battre. Les entraîneurs s'arrêtèrent net de suivre les policiers et commencèrent à crier pour encourager leurs coqs. Les passants s'arrêtaient, curieux, et les encourageaient eux aussi, d'autres commencèrent à prendre les paris. Les policiers demandèrent du renfort. De tous les côtés, des voitures arrivaient, toutes sirènes dehors. La rue devant la préfecture s'était transformée en une immense arène de combats de coqs et rien ne pouvait les arrêter.

Le préfet se retourna vers son adjoint:

«Je me disais aussi...!»


FIN

## Abschlusstest

*Übung 1: Welches Wort ist das „schwarze Schaf"?
Unterstreichen Sie das nicht in die Reihe passende Wort!*

1. maison, bâtiment, cour, immeuble, édifice
2. aller, venir, descendre, regarder, monter
3. pain, pommes, oranges, citrons, kiwis
4. Louvre, pyramide, Arc de Triomphe, Tour Eiffel
5. policier, médecin, boulangerie, boucher
6. bon, joli, bien, beau, jeune
7. de, sous, sur, se, dans

*Übung 2: Finden Sie die gesuchten Begriffe und enträtseln Sie das Lösungswort!*

1. Grand bâtiment d'habitation         _ _ ☐ _ _ _ _ _
2. Témoin qui regarde                  ☐ _ _ _ _ _ _ _ _ _
3. Spécialiste de la langue            _ _ ☐ _ _ _ _ _ _
4. «Enfant» en argot parisien          ☐ _ _ _
5. On s'y promène.                     ☐ _ _ _
6. Un aspect présenté par quelqu'un    _ ☐ _ _ _ _ _
7. Route ou accès en pente             ☐ _ _ _ _
8. Groupe de jeunes                    _ _ ☐
9. Grade de l'armée française          _ ☐ _ _ _ _ _ _ _
10. Etude du sens des mots             ☐ _ _ _ _ _ _ _ _
11. La Ruche en est pleine.            _ _ _ _ ☐ _ _ _
12. Vivre sans moyens                  _ _ _ _ _ ☐ _

Lösung: _ _ _ _ _ _ _ _ _ _ _ _

*Übung 3: Setzen Sie die Verben in der richtigen Zeitform ein!*

1. Le marché dans cette rue ne (commencer) _____ jamais après cinq heures du matin.

2. Si ce tableau a vraiment une grande valeur, notre assassin (essayer) _____ de le revendre.

3. Il (passer) _____ à gauche du stand de saucisses, pendant que le petit homme (passer) _____ à droite.

4. Son père avait juré lui aussi qu'un jour «il (avoir) _____ la peau de ses gredins».

5. En (rajouter) _____ un bon gâteau au chocolat, le tableau aurait été parfait.

6. Sans la Ruche, le monde n'(avoir) _____ certainement jamais connu les œuvres de grands peintres et sculpteurs de ce siècle.

7. Il n'(avoir) _____ encore jamais _____ à élucider un meurtre.

8. Et puis, je lui ai prêté un peu d'argent pour qu'il (tenir) _____ encore un peu.

9. Devant la porte de la préfecture, des policiers (rassembler) _____ les résultats de leur razzia.

*Übung 4: Wie kann man die folgenden Wörter und Redewendungen auf Französisch sagen? Kreuzen Sie die richtige Übersetzung an!*

1. sterben
   a) ☐ passer l'arme à gauche
   b) ☐ passer l'arme à droite

2. schreien bis zum geht nicht mehr
   a) ☐ crier à crève-tête
   b) ☐ crier à tue-tête

3. jemandem ganz dicht folgen
   a) ☐ être sur les talons de quelqu'un
   b) ☐ être sur les genoux de quelqu'un

4. gewieft sein
   a) ☐ ne pas être né de la dernière tempête
   b) ☐ ne pas être né de la dernière pluie

5. jemand, der viel weiß, aber nichts daraus macht
   a) ☐ un singe savant
   b) ☐ un chien savant

6. Es ist geschafft!
   a) ☐ la promenade est jouée!
   b) ☐ le tour est joué!

7. Was für ein Albtraum!
   a) ☐ Quel cauchemar!
   b) ☐ Quel couchage!

*Übung 5: Übersetzen Sie ins Französische!*

1. Opfer _____

2. aufklären _____

3. Stadtviertel _____

4. Tierarzt _____

5. blass _____

6. Ermittlungen _____

7. Schatten _____

8. Vernehmung _____

9. stolpern _____

10. Nachbarschaft _____

*Übung 6: Finden Sie die richtige Lösung!*

1. Qui est Jean Séverin?
   a) ☐ le beau-fils du boulanger
   b) ☐ le fils du boucher
   c) ☐ le mari de madame Carré

2. Pourquoi l'inspecteur Cliquot ne conduit-il pas?
   a) ☐ Il n'a pas de voiture.
   b) ☐ Il n'a pas de garage.
   c) ☐ Il n'a pas de permis de conduire.

3. Où Nathalie rencontre-t-elle le capitaine?

   a) ☐ aux Invalides

   b) ☐ à la caserne

   c) ☐ à l'État-Major

4. La meurtrière est-elle

   a) ☐ chirurgienne?

   b) ☐ infirmière?

   c) ☐ vétérinaire?

5. Que fabrique la société de Raymond Carmin?

   a) ☐ des jouets

   b) ☐ des maquettes

   c) ☐ des bus

6. Quel repas Cliquot prépare-t-il dans son bureau?

   a) ☐ un croque-monsieur

   b) ☐ une soupe de légumes

   c) ☐ une bavette aux oignons

7. Qui devait épouser la fille du boulanger?

   a) ☐ un Hollandais

   b) ☐ un Hindou

   c) ☐ un Africain

   d) ☐ un Suédois

8. Quelles preuves sont trouvées dans l'appartement d'Amélie Baron?

   a) ☐ des photos

   b) ☐ des films vidéo

   c) ☐ des films super 8

   d) ☐ des lettres

*Übung 7: Beantworten Sie die Fragen zum Text
auf Französisch!*

1. Dans quels endroits les crimes ont-ils lieu?

2. Quand les travaux de construction de la tour Montparnasse débutèrent-ils?

3. Quel est l'écrivain le plus célèbre enterré au cimetière Montparnasse?

4. Que veut dire CNIT?

5. Quel marché a succédé aux Halles?

6. Qui avait demandé de transférer les Halles de Paris en banlieue en 1962?

*Übung 8: Wie heißt das Wort auf Deutsch? Tragen Sie die richtige Ziffer ein!*

1. blessure
2. trouver
3. meurtre
4. attendre
5. épaule
6. meurtrier
7. vivre
8. trace

☐ Mord
☐ Spur
☐ Verletzung
☐ leben
☐ Mörder
☐ warten
☐ Schulter
☐ finden

*Übung 9: Füllen Sie die Lücken mit dem passenden Wort!*

1. La chirurgienne a _____ le malade de l'appendicite.
2. Plusieurs animaux accompagnés de leur maître attendaient dans la salle d'attente du _____.
3. Les Halles de Rungis abritent le plus grand _____ de France.
4. La tour Montparnasse compte 59 _____.
5. Le médecin _____ a procédé à une autopsie de la victime.
6. Le _____ d'Anne Frank est un précieux témoignage historique.
7. Il va acheter deux escalopes de dinde à la _____.

*Übung 10: Übersetzen Sie die Ausdrücke in Klammern!*

1. Je (war nicht auf dem Laufenden) _____

_____ du meurtre.

2. Nous (haben die Rechnung bezahlt) _____

_____, après avoir fini notre dessert.

3. Il (hat die Nachricht erfahren) _____

_____ en écoutant la radio.

4. Est-ce qu' (es gibt Post) _____ pour moi?

5. Elle (hat es nicht eilig) _____ de partir.

6. Nathalie (hat es satt) _____ que

l'inspecteur fasse toujours des gaffes.

7. (Es ist mir nie gelungen) _____ le comprendre.


*Übung 11: Füllen Sie die Lücken mit dem passenden Relativ-pronomen! (qui, que, dont)*

1. L'affaire _____ l'inspecteur a résolue était complexe.

2. L'homme _____ a été arrêté était innocent.

3. Le crime _____ il est coupable est très grave.

4. Il a commis un meurtre _____ va lui valoir 20 ans de prison ferme.

5. Le témoin _____ a vu l'assassin a disparu.

6. Le jeune homme _____ nous avons entendu parler a été tué.

7. La femme _____ il s'est vengé était innocente.

8. La victime était un témoin _____ la police n'avait pas cru.

# Lösungen

**Übung 1:** 1. b 2. c 3. b  4. a

**Übung 2:** 1. richtig 2. falsch 3. falsch 4. falsch 5. richtig 6. falsch

**Übung 3:** 1. permis de conduire 2. quartier 3. perroquet 4. escalier 5. direction 6. équipe 7. blessé

**Übung 4:** 1. imperméable 2. meurtrier 3. crachin 4. chauffeur 5. bagatelle 6. devoir

**Übung 5:** 1. gants 2. table 3. sac 4. gentillesse 5. aphone

**Übung 6:** tête, pieds, yeux, doigt, épaules, main

**Übung 7:** 1. tache 2. raison 3. professionnel 4. travail 5. moustique 6. instrument 7. chemise 8. bouton Lösung: assassin

**Übung 8:** 1. chapeau 2. cauchemar 3. réveil 4. découverte 5. résoudre 6. escalier 7. imperméable 8. couloir

**Übung 9:** 1. C'est l'inspecteur Cliquot qui se sent mal. 2. L'inspecteur Cliquot demande à un agent d'interroger les voisins. 3. Il manque un tableau ou un calendrier. 4. La scène se passe à 14 heures. 5. Il veut aller au café d'en bas. 6. Ils vont au café pour faire le point et pour prendre le petit-déjeuner.

**Übung 10:** 1. dans 2. à 3. dans 4. à 5. en 6. en 7. dans 8. au

**Übung 11:** 1. porte 2. sirop 3. gris 4. tante 5. roux 6. clavier 7. parce que 8. Montparnasse

**Übung 12:** 1. immédiat 2. malheureux 3. vrai 4. étonnant 5. furieux 6. complet

**Übung 13:** 1. bureau 2. feuilles 3. voisins 4. lecture 5. matin

**Übung 14:** 1. Il ne semble pas être au courant. 2. Il faillit tomber par terre. 3. Il ressemble beaucoup à son frère. 4. Il ferma en sortant de la maison. 5. Il m'a révélé son secret. 6. Avez-vous trouvé quelque chose d'original?

**Übung 15:** 1. hauteur 2. lampe 3. banc 4. courbé 5. couleur

**Übung 16:** 1. falsch 2. falsch 3. richtig 4. richtig 5. falsch 6. richtig

**Übung 17:** 1. petites 2. allemande 3. petite 4. pratique 5. entrouverte 6.normal 7.ouverts

**Übung 18:** 1. b 2. a 3. b 4. a

**Übung 19:** 1. la 2. un 3. le 4. une 5. la 6. un

**Übung 20:** 1. fenêtre 2. enfance 3. témoin 4. ombre 5. chapeau 6. bavarder 7. visage 8. interroger Lösung: tatouage

**Übung 21:** 1. questions 2. soif 3. doigt 4. bols 5. théière

**Übung 22:** 1. L'ingrédient de base du berlingot est le sucre. 2. Vous pouvez en acheter au jardin d'acclimatation. 3. On peut en acheter dans les bureaux de tabac. 4. C'est la guimauve. 5. Ella a trois bras.

**Übung 23:** 1. air 2. tête 3. plat 4. mains 5. lune 6. pompes 7. nuages 8. éléphant 9. oiseau

**Übung 24:** 1. regardait 2. connaissiez 3. reprenait 4. rendait 5. lire 6. pendus 7. aurait

**Übung 25:** 1. Maler 2. berühmt 3. Miete 4. Friedhof 5. blass 6. Künstler 7. Papierkram

**Übung 26:** 1. Paul Fort était un poète. 2. Henri Sauvage était un architecte.

3. Blaise Cendrars était d'origine russe. 4. Le nom de la Ruche vient de la Rotonde des Vins. 5. Le style «Art déco» apporte de la lumière. 6. Ils se rencontraient au «Dôme».

**Übung 27:** 1. immeuble 2. visage 3. soudain 4. regard 5. meurtrier 6. observer 7. médecin 8. transformer

**Übung 28:** 1. célébrité 2. vieillesse 3. beauté 4. hauteur 5. tranquillité 6. fidélité

**Übung 29:** 1. gare/quai 2. immeuble/appartement 3. rue/trottoir 4. cheminée/toit 5. garage/voiture

**Übung 30:** 1. artistique 2. contemporain 3. cimetière 4. artiste

**Übung 31:** 1. voulez 2. naît 3. pourriez 4. avaient

**Übung 32:** 1. rare 2. stressante 3. paix 4. portes 5. cinéma 6. permission

**Übung 33:** 1. b 2. b 3. c 4. a 5.c

**Übung 34:** 1. tremblement 2. hésitation 3. effroi 4. décision 5. frisson 6. crainte 7. doute 8. reprise 9. mouvement

**Übung 35:** 1. L'inspecteur Cliquot avait crié si fort que le chauffeur de taxi sursauta. 2. Dites, il va venir quand cet inspecteur? 3. Le problème des berlingots est toujours qu'ils collent. 4. Vous n'êtes donc jamais partie de ce quartier? 5. Des jeunes artistes du monde entier venaient s'installer à Montparnasse. 6. Nathalie et l'inspecteur Cliquot étaient fascinés par la culture de cette vieille dame. 7. Sur l'étagère se trouvait une rangée de livres de toutes les tailles.

**Übung 36:** 1. falsch 2. richtig 3. falsch 4. richtig 5. falsch 6. falsch 7. richtig

**Übung 37:** pluie, neige, brouillard, glace, crachin, soleil, nuages

**Übung 38:** 1. manger 2. ascenseur 3. valise 4. main 5. ordre 6. touriste 7. pistolet 8. saucisse 9. tomber Lösung: maladroit

**Übung 39:** 1. pistolet 2. valise 3. saucisses 4. multitude 5. blouson 6. cordon

**Übung 40:** Männlich: le cadavre, l'examen, l'interrogatoire, le manège, le blouson Weiblich: la gaffe, la maladresse, la chemise, la blague, la guimauve

**Übung 41:** 1. oreiller 2. tisane 3. berceuse 4. pyjama 5. lampe de chevet

**Übung 42:** 1. Elle travaillait comme bonne d'enfants et femme de ménage. 2. Ils dansaient dans les bals de musette. 3. Elle l'a quittée après la seconde guerre mondiale. 4. Ils lui ont fourni des références. 5. Ils faisaient des portraits dans des ateliers.

**Übung 43:** 1. jolie 2. rose 3. fiers 4. autres 5. nouvelle 6. grandes 7. élevés

**Übung 44:** 1. c 2. a 3. b

**Übung 45:** 1. de 2. de 3. à 4. de 5. à 6. de 7. à

**Übung 46:** 1. tot (tôt) 2. ouvrat (ouvrit) 3. drois (droit) 4. documants (documents) 5. plongé (plongée)

**Übung 47:** 1. tôt/tard 2. jour/nuit 3. descendre/monter 4. mort/vivant 5. dernier/premier

**Übung 48:** 1. falsch 2. falsch 3. richtig 4. falsch 5. richtig

**Übung 49:** 1. tâche 2. haut 3. viande 4. mur 5. boucher 6. comptoir 7. doigt 8. rapidité 9. question 10. client 11. blanc 12. persil Lösung: chirurgienne

**Übung 50:** 1. b 2. c 3. b 4. c

**Übung 51:** 1. ait quelque chose à voir 2. Si ce n'est que cela 3. gardé son nom

en mémoire 4. le plus vite possible 5. n'en ai jamais manqué de clientèle
6. n'aurais jamais pu acheter

**Übung 52:** 1. d'un certain âge 2. Plus rien n'est sûr 3. Ce n'est pas une grosse perte
4. Si vous saviez 5. que vous allez m'aider à comprendre 6. dans leur jeunesse

**Übung 53:** 1. a 2. b 3. b 4. c 5. b

**Übung 54:** 1. Qu'est-ce que Nathalie aurait pu dire ou ajouter? 2. Il pleuvait des
cordes. 3. Nathalie secouait la tête. 4. Les enfants aiment le chocolat. 5. Cliquot se lavait les mains.

**Übung 55:** 1. habitait 2. s'appelait 3. avait entrainé 4. voulait 5. tenait 6. laissait

**Übung 56:** 1. habiter 2. infirmière 3. poireau 4. essayer 5. mairie 6. se souvenir
7. cuisinier 8. épaule

**Übung 57:** 1. heureuse 2. retraite 3. fiancé 4. responsable 5. ordres 6. boulangerie
7. haïr

**Übung 58:** 1. tout 2. accéder 3. couru 4. arrachent 5. prix 6. tomber 7. remettre

**Übung 59:** 1. installé 2. parti 3. laissé 4. fondée 5. spécialisé 6. réquisitionnés

**Übung 60:** 1. falsch 2. richtig 3. falsch 4. richtig 5. richtig 6. richtig 7. falsch

**Übung 61:** 1. facilement 2. fortement 3. justement 4. franchement 5. doucement
6. nouvellement

**Übung 62:** 1. Italien/Italienne 2. Hollandais/Hollandaise 3. Chinois/Chinoise
4. Allemand/Allemande 5. Français/Française 6. Brésilien/Brésilienne 7. Autrichien/Autrichienne 8. Anglais/Anglaise

**Übung 63:** grillé, à, râpé, étaient, placés, doré, à, préférait, mangèrent, occupés,
à, déguster, côté, rapporté, bêtises, où, à, trouvé

**Übung 64:** 1. s'éleva 2. ne vit jamais 3. succéda 4. plaça

**Übung 65:** 1. pavillon 2. crochets 3. connaisseur 4. tablier 5. employé 6. assistante 7. aujourd'hui 8. poste 9. message 10. adresse

**Übung 66:** 1. falsch 2. richtig 3. falsch 4. falsch 5. falsch 6. falsch 7. richtig

**Übung 67:** 1. moderne 2. victoire 3. adopter 4. gloire 5. sous-sol

**Übung 68:** Männlich: l'immeuble, le groom, l'uniforme, le danger, l'air, le talon,
l'étage, l'ascenseur, le cheveu, l'embonpoint Weiblich: la fiche, l'hôtesse, la raison,
la visite, l'entreprise, la mort, la conversation, la clé, la sonnerie, la porte

**Übung 69:** 1. bureaux 2. privée 3. directement 4. sortie 5. rattraper 6. annuaire

**Übung 70:** 1. certainement 2. unanimement 3. mal 4. beau 5. bien 6. justement
7. mal 8. fragile 9. mieux

**Übung 71:** 1. rougissait 2. pouvait 3. prenait 4. reposait 5. essayait 6. sursautait
7. frappait 8. bondissait 9. se ruait 10. soufflait 11. baissait 12. laissait

**Übung 72:** 1. Il n'y habite plus depuis au moins 20 ans. 2. C'est Nathalie qui est
en colère contre lui. 3. Il est surpris. 4. Nathalie veut que le capitaine reste.
5. Elle se trouve en face du capitaine et à côté de l'inspecteur.

**Übung 73:** 1. pneus 2. fous 3. clins 4. géniaux 5. circonstances

**Übung 74:** 1. aille 2. sois 3. est 4. puisse 5. vient 6. craigne 7. fasse

**Übung 75:** 1. Je ne le lui ai pas dis. 2. Le patron ne m'en parle jamais. 3. Tu n'as
pas encore été le chercher? 4. Pourquoi ne le fais-tu pas? 5. Ne le prends pas!
6. Ne vous en prenez pas à lui!

**Übung 76:** 1. douane 2. boîte de nuit 3. accident 4. à 10 heures pile 5. videur 6. piéton 7. s'amuser 8. feu

**Übung 77:** 1. b 2. a 3. a 4. b

**Übung 78:** manqué (prêté), papeterie (boucherie), désespoir (bonheur), aluminium (or), sécurité (danger), drôle (bizarre)

**Übung 79:** 1. jusqu'à ce qu'ils disparaissent 2. elle avait encore rougi 3. Avez-vous trouvé les adresses? 4. La fille du boulanger est en Afrique en ce 5. Elle prit les pages jaunes de l'annuaire. 6. lorsqu'elle trouva son nom sur la liste

**Übung 80:** 1. vers 2. en 3. d' 4. de 5. à part 6. sur 7. d'après

**Übung 81:** 1. jeter l'argent par les fenêtres 2. en avoir pour son argent 3. L'argent n'a pas d'odeur. 4. L'argent ne fait pas le bonheur. 5. Le temps, c'est de l'argent. 6. prendre quelque chose pour argent comptant

**Übung 82:** 1. avaient 2. avait 3. s'était 4. s'était 5. avait 6. avait été 7. avoir 8. être

**Übung 83:** 1. fit 2. servait 3. n'était pas habitué 4. voguait 5. puis 6. ont eu lieu

**Übung 84:** 1. envie 2. suicide 3. répétition 4. regard 5. tuer 6. coupable 7. peintre 8. accident 9. justice Lösung: vengeance

**Übung 85:** 1. lui 2. leur 3. les 4. leur 5. leur 6. Ils

**Übung 86:** 1. falsch 2. falsch 3. richtig 4. richtig 5. richtig 6. falsch

**Übung 87:** 1. vitesse 2. longueur 3. innocence 4. fierté 5. sévérité 6. menace 7. jeunesse 8. vieillesse 9. bonté 10. petitesse

**Übung 88:** 1. rond 2. sous 3. mois 4. beurre 5. riche 6. as

**Übung 89:** 1. infidèle 2. malhonnête 3. malpoli 4. explicite 5. innocent 6. impatient

## Lösungen Abschlusstest

**Übung 1:** 1. cour 2. regarder 3. pain 4. pyramide 5. boulangerie 6. bien 7. se

**Übung 2:** 1. immeuble 2. observateur 3. linguiste 4. titi 5. parc 6. facette 7. rampe 8. bande 9. capitaine 10. sémantique 11. artistes 12. vivoter Lösung: Montparnasse

**Übung 3:** 1. commençait 2. essaiera 3. passa, passait 4. aurait 5. rajoutant 6. aurait 7. avait, eu 8. tienne 9. avaient rassemblé

**Übung 4:** 1. a 2. b 3. a 4. b 5. a 6. b 7. a

**Übung 5:** 1. victime 2. élucider 3. quartier 4. vétérinaire 5. blême 6. enquête 7. ombre 8. interrogatoire 9. trébucher 10. voisinage 11. succès

**Übung 6:** 1. b 2. c 3. c 4. a 5. b 6. c 7. a 8. c

**Übung 7:** 1. Ils ont lieu à Montparnasse (rue Daguerre et rue Deparcieux) et en banlieue. 2. Ils débutèrent en 1969, d'après des plans que Raoul Dautry avait élaborés en 1934. 3. C'est Charles Baudelaire. 4. Centre des Nouvelles Industries et Technologies 6. C'était le marché de Rungis 8. C'était le Général de Gaulle

**Übung 8:** 1. Verletzung 2. finden 3. Mord 4. warten 5. Schulter 6. Mörder 7. leben 8. Spur

**Übung 9:** 1. opéré 2. vétérinaire 3. marché 4. étages 5. légiste 6. journal 7. boucherie

**Übung 10:** 1. n'étais pas au courant 2. avons payé l'addition 3. a appris la nouvelle 4. il y a du courrier 5. n'est pas pressée 6. en a marre 7. Je n'ai jamais réussi à

**Übung 11:** 1. que 2. qui 3. dont 4. qui 5. qui 6. que 7. dont 8. que